Elizabeth Olmos Martínez

Estrategias de desarrollo sustentable para el uso recursos naturales

Elizabeth Olmos Martínez

Estrategias de desarrollo sustentable para el uso recursos naturales

En comunidades rurales

PUBLICIA

Impressum / Aviso legal
Bibliografische Information der Deutschen Nationalbibliothek: Die Deutsche Nationalbibliothek verzeichnet diese Publikation in der Deutschen Nationalbibliografie; detaillierte bibliografische Daten sind im Internet über http://dnb.d-nb.de abrufbar.

Información bibliográfica de la Deutsche Nationalbibliothek: La Deutsche Nationalbibliothek clasifica esta publicación en la Deutsche Nationalbibliografie; los datos bibliográficos detallados están disponibles en internet en http://dnb.d-nb.de.

Coverbild / Imagen de portada: www.ingimage.com

Verlag / Editorial:
PUBLICIA
ist ein Imprint der / es una marca de
OmniScriptum GmbH & Co. KG
Bahnhofstraße 28, 66111 Saarbrücken, Deutschland / Alemania
Email / Correo Electrónico: info@omniscriptum.com

Herstellung: siehe letzte Seite /
Publicado en: consulte la última página
ISBN: 978-3-8416-8140-9

Zugl. / Aprobado por: La Paz, Centro de Investigaciones Biológicas del Noroeste, S.C. México, Tesis Doctoral, 2009

RESUMEN

Las comunidades rurales de San Jorge-San Dionisio (SJ-SD) y Puerto Chale (PCh) en Baja California Sur, México, se encuentran ubicadas en los municipios de Los Cabos y La Paz, respectivamente. El presente trabajo evalúa las condiciones de vida de dichas comunidades con el fin de conocer su desarrollo, calidad de vida, nivel de pobreza y su relación con los recursos naturales y el ambiente. Se recabó información de encuestas socioeconómicas y del uso de recursos naturales levantadas en 2006, así como información de INEGI (2000 y 2006). La metodología para conocer el nivel de pobreza de las comunidades es la recomendada por SEDESOL (2002), avalada por el Comité Técnico para la Medición de la Pobreza en México, la cual ofrece algunos criterios basándose en tres categorías o niveles de pobreza, los cuales son pobreza alimentaria, pobreza de capacidades y pobreza de patrimonio. El método recomendado es de carácter monetario. Además se realizó una caracterización y comparación del uso de recursos naturales por medio de un análisis descriptivo calculando la cantidad de flora y fauna usada, por especie, en actividades económicas y sociales. Finalmente se hace una serie de recomendaciones específicas para el desarrollo local sustentable, las cuales son resultado de la “Metodología para la elaboración de estrategias de desarrollo local” de Iván Silva Lira (2003), donde se hicieron ajustes necesarios para la dimensión que interesa al presente trabajo, que además se relaciona con el nivel de pobreza, calidad de vida y actividades económicas para el desarrollo de las comunidades estudiadas. Los resultados de la caracterización socioeconómica muestran que las comunidades terrestres de SJ-SD se encuentra en mejores condiciones de calidad de vida que la comunidad de PCh, especialmente en los indicadores de vivienda, disponibilidad de agua, servicio de energía eléctrica, disposición de bienes del hogar y alfabetización, no obstante el ingreso por actividades económicas de la comunidad de PCh es mayor. De acuerdo a los parámetros de SEDESOL, el nivel de pobreza que sufre la comunidad terrestre de SJ-SD es mayor que en la comunidad costera de PCh dentro de sus tres categorías. Cabe mencionar que la comunidad de SJ-SD muestra un alto grado de satisfacción con su estilo y calidad de vida, muy por el contrario de la comunidad de PCh que esta catalogada menos pobre que SJ-SD según SEDESOL. El análisis del uso de recursos naturales muestra diferencias significativas, en el área terrestre de SJ-SD se obtuvo un listado florístico de 29 especies que se utilizan en actividades sociales y económicas, de las cuales 20 son específicamente para uso económico. Se calculó que se utiliza un total de 7,985 kilos promedio mensuales de diferentes especies florísticas en actividades económicas y 11,240 kilos promedio mensuales en actividades sociales; las cinco especies más usadas son palo zorrillo, palo de arco, palma real, mauto y zacate. Por su parte la comunidad de PCh se caracteriza por un ecosistema cálido-seco donde la existencia de flora es escasa y el uso de la misma en actividades sociales y económicas es nulo. Por otro lado, el uso de fauna en el área costera es el principal recurso utilizado, se realizo un listado de aproximadamente 20 especies dentro de la actividad pesquera con un promedio mensual de pesca de 216,960 kilos, donde las principales especies son curvina, lisa, camarón, manta y guitarra. Asimismo, en SJ-SD se observa un uso aproximado de 1,770 kilos al mes de fauna (bovino, porcino, aves, ovino). El recurso agua dentro de la zona terrestre es abundante, el ecosistema de esta área de estudio es rico en flora y fauna, debido a la existencia de agua en sus alrededores, la cantidad usada del recurso en actividades económicas y sociales se aproxima a 76,000 litros al mes; para la zona costera la cifra es de 54,200. Finalmente se muestran las estrategias recomendadas para el desarrollo sustentable de las comunidades rurales provenientes de la metodología de Silva Lira, a partir de las vocaciones naturales y socioculturales de las áreas de estudio. Se muestra que en la zona terrestre de SJ-SD los objetivos a seguir son proyectos productivos relacionados con la actividad pecuaria semi-intensiva, actividad ecoturística y actividad frutícola. Para la zona costera de PCh los objetivos a seguir son proyectos productivos de pesca organizada y actividad ecoturística. Además en ambas áreas se proponen estrategias adicionales para un programa social. Las comunidades de estudio manifestaron estar dispuestas a cambiar su modo de apropiación de los recursos naturales y su modo de comercialización a favor de un manejo sustentable y mejora en la calidad de vida. El presente trabajo propone estrategias que permitan definir políticas de manejo de recursos naturales que ayuden a mejorar la calidad de vida de las comunidades estudiadas dentro del marco del desarrollo sustentable.

Palabras clave: pobreza, indicadores socioeconómicos, recursos naturales, comunidad rural, desarrollo sustentable.

ABSTRACT

In this paper we evaluate and compare the living conditions of rural communities of San Jorge-San Dionisio (SJ-SD) and Puerto Chale (PCh) in Baja California Sur, located in the municipalities of Los Cabos and La Paz, respectively. The communities' abilities to meet their developmental needs with respect to life quality, level of poverty and their connective impact to the natural resources and environment were studied. Information was obtained from socio-economic and natural resources surveys collected in 2006 as well as information from INEGI (2000 and 2006). This work involves relating effects of poverty levels, life quality and economic activities for development of the studied communities. The level of poverty of the communities was ascertained by a methodology recommended by SEDESOL (2002) and endorsed by the Technical Committee for the Measurement of Poverty in Mexico. This methodology for assessing poverty is based on three monetary criteria: poverty of food sustenance, poverty of capabilities and poverty of heritage. The analysis of use of natural resources let us make a further description of the amount of flora and fauna used by species for both economic and social activities. Lastly, a series of specific recommendations for local sustainable development were developed based on fine-tuning the strategies recommended by Ivan Silva Lira (2003), "Methodology for the Elaboration of Local Development Strategies". The results show that the socioeconomic communities of SJ-SD has a better quality of life than the community of PCh, especially with respect to housing indicators, availability of water, electrical service, home goods and literacy, despite the fact that income from economic activities is smaller compared to the Pch community. According to the parameters of SEDESOL, the level of poverty experienced by the community of-SJ-SD is higher than in the coastal community of PCh within the three poverty categories. It is worth mentioning that SJ-SD shows a high degree of satisfaction with its style and quality of life, quite opposite of PCh that is less poor than SJ-SD as the parameters of SEDESOL. The analysis of the use of natural resources shows significant differences, in the area of SJ-SD a total of 29 species of flora were used in social and economic activities, of which 20 were specifically for economic use. SJ-SD community used a total monthly average of 7985 kilos of different floral species in economic activities, and an average monthly of 11,240 kilos in social activities. The five main species used were zorrillo stick, stick arc, royal palm, mauto and zacate. Water resources in SJ-SD is abundant, the ecosystem of this study area is rich in flora and fauna, owing to the existence of water, the amount of this resource used in economic and social approaches 76,000 liters per month, for the coastal zone PCh the amount is 54,200. SJ-SD also showed a use of approximately 1770 kilos per month of fauna (cattle, pigs, poultry, and sheep).

On the other hand, the PCh community is characterized by a warm-dry ecosystem where there is scarce flora and therefore social and economic activities based on terrestrial resources are essentially nonexistent. However, the coastal area is rich in fishery resources and is the main the main resource used by the PCh community. The PCh community captured on a monthly basis about 20 species of fish, with a monthly average of 216,960 kilos of fish, the main species were curvina, lisa, shrimp, manta and guitar. The results of this comparative study of these two rural communities indicated that the recommended strategies of Silva Lira for sustainable development of rural communities, beginning with utilizing the natural and vocational resources of an area, can be successfully implemented. The results indicate that the SJ-SD community objectives should be to continue to develop more economic projects related to semi-intensive cattle, eco-tourism and cultivating fruits. While for the coastal area of PCh, the objectives should be to pursue organized fishing and ecotourism activities. Moreover, this study also suggests additional strategies in both areas with respect to social programs. It was found during the course of this study that the communities were willing to change their way of appropriation of natural resources and its method of marketing to promote sustainable management and to improve their quality of life. This paper proposes strategies for defining policies for managing natural resources allowing sustainable development that also improves the quality of life of the rural communities studied.

Keywords: poverty, socio-economic indicators, natural resources, rural community, sustainable development.

DEDICADO A

Mi esposo, Eduardo e hijos, Isaí y Alan

CONTENIDO

GLOSARIO

Actividades económicas: Conjunto de tareas dentro de un sector productivo de la sociedad que produce una ganancia.

Actividades sociales: Conjunto de tareas en las relaciones cotidianas de convivio y recreación de una o varias personas.

Agua: constituye el líquido más abundante en la Tierra, representa el recurso natural más importante y la base de toda forma de vida.

Análisis FODA: Metodología de estudio a efecto de determinar las Fortalezas, Oportunidades, Debilidades y Amenazas de una situación o problema.

Calidad de vida: Es el bienestar, felicidad y satisfacción de un individuo, que le otorga a éste cierta capacidad de actuación, funcionamiento o sensación positiva de su vida. Su realización es muy subjetiva, ya que se ve directamente influida por la personalidad y el entorno en el que vive y se desarrolla el individuo.

Comunidad rural: Sector de la población que vive alejada de las ciudades en escasas condiciones de desarrollo y servicios públicos incipientes, utilizan métodos básicos para cubrir sus principales necesidades y generalmente su principal actividad económica pertenece al sector primario.

Comunidad: agrupamiento natural de las personas, que descansa en el parentesco y la vecindad, la cultura compartida y los usos populares, asentados en un sitio fijo con identidad propia interactuando entre si dentro y fuera de la misma.

Definición de la estrategia de desarrollo local sustentable: Se entiende como el camino seleccionado para alcanzar los objetivos propuestos, donde se deciden las líneas de acción y de intervención. Para ello se recurre a la técnica de un análisis FODA.

Definición de objetivos estratégicos y específicos: Se definen a partir del problema central, mediante la técnica del árbol de problemas, el cual da como resultado un análisis de objetivos de donde se obtiene la descripción de la situación esperada (meta), tomada como solución del problema central y se convierte en el gran objetivo de planificación.

Desarrollo local: Aprovechamiento de los recursos y potencialidades endógenos de una comunidad.

Desarrollo rural: Desarrollo humano y económico en el medio rural.

Desarrollo sustentable: Tipo de desarrollo que permite satisfacer las necesidades de las generaciones presentes sin comprometer la capacidad de las generaciones futuras para satisfacer sus propias necesidades.

Desarrollo: Evolución progresiva de una economía hacia mejores condiciones de vida.

Diagnóstico: Obtención información que permita conocer los recursos naturales y sociales disponibles proporcionando información para conocer la capacidad de desarrollo.

Estrategia: Es el proceso seleccionado mediante el cual se espera lograr alcanzar un estado futuro.

Fauna: Es el conjunto de animales de un país o una región.

Flora: Es el conjunto de las plantas que pueblan un país (y por extensión una península, continente, clima, una sierra, etc.), la descripción de éstas, su abundancia, los periodos de floración, etc.

Identificación de vocaciones: Definida por la aptitud, capacidad o característica especial de la localidad para su desarrollo; a partir de aspectos productivos, socioculturales, infraestructura, servicios públicos y aspectos institucionales.

Limitación: Es la restricción o frontera que no puede traspasar una situación dado el entorno, es decir son los factores y situaciones que obstaculizan o impiden el desarrollo de las potencialidades.

Pobre: es un necesitado, menesteroso y falto de lo necesario para vivir, o que lo tiene con mucha escasez.

Pobreza alimentaria: Dentro de éste nivel se consideran los hogares cuyo ingreso es insuficiente para cubrir las necesidades de alimentación. Equivalente a 15.4 y 20.9 pesos diarios del año 2000 por persona en áreas rurales y urbanas, respectivamente.

Pobreza de capacidades: Se considera a aquellos hogares cuyo ingreso es insuficiente para cubrir las necesidades de alimentación, educación y salud. Equivalentes a 18.9 y 24.7 pesos diarios del año 2000 por persona en áreas rurales y urbanas, respectivamente.

Pobreza de patrimonio: Se considera a aquellos hogares cuyo ingreso es insuficiente para cubrir las necesidades de alimentación, salud, educación,

vestido, vivienda y transporte público. Equivalentes a 28.1 y 41.8 pesos diarios del año 2000 por persona en áreas rurales y urbanas, respectivamente.
Pobreza: Es una situación o forma de vida que surge como producto de la imposibilidad de acceso y/o carencia de los recursos para satisfacer las necesidades físicas y psíquicas básicas humanas que inciden en un deterioro del nivel y calidad de vida de las personas, tales como la alimentación, la vivienda, la educación, la asistencia sanitaria o el acceso al agua potable.

Potencialidad: Capacidad de ejecutar o producir un efecto, independientemente a las circunstancias del entorno que tienen que ver con factores humanos, tecnológicos, económicos, financieros, socioculturales y otros.

Recomendación de acciones específicas: Se definen a partir del resultado del análisis FODA y la elaboración de una Matriz de objetivos y estrategias que ayude a identificar los objetivos específicos, los cuales se convierten en propuestas de actividades productivas seleccionadas.

Recurso endógeno: Es un recurso natural que se origina en el interior de un lugar en virtud de causas internas.

Recursos naturales: Son aquellos bienes materiales y servicios que proporciona la naturaleza sin alteración por parte del hombre; y que son valiosos para las sociedades humanas por contribuir a su bienestar y desarrollo de manera directa o indirecta.

Trabajo comunitario: Relación y acercamiento con un grupo de personas de la comunidad de interés, con la finalidad de informarles la importancia y la metodología del estudio e incluyéndolos de manera participativa, integrativa y puntual en el proceso y terminación del trabajo a realizarse.

Vocación natural: Se define por la aptitud, capacidad o característica natural especial de una localidad para su desarrollo.

Vocación sociocultural: Se define por la aptitud, capacidad o característica sociocultural especial y significativa de la población de una localidad para su desarrollo.

LISTA DE FIGURAS

LISTA DE TABLAS

I. INTRODUCCIÓN

El desarrollo sustentable (DS) es un concepto unificador que reconoce la importancia de las necesidades humanas pero siempre subordinadas a la capacidad de los ecosistemas. En la práctica el DS tiene un significado de duradero, permanente, continuo, adaptable y pertinente en el tiempo y el espacio (Carabias, 2002).

Uno de los objetivos actuales del DS es el mejoramiento de la calidad de vida de todos los habitantes de la tierra, lo cual obliga a tomar decisiones apropiadas a corto plazo con resultados a largo plazo (Herrera, 1999; González, 1996).

El DS implica un trabajo arduo de parte de todos los actores que se comprometan a cambiar el rumbo de la economía tradicional, de las relaciones sociales y de la conservación y regeneración de los recursos naturales (Guimarães, 1998; OECD, 2006). El DS propone tres grandes principios que son: desarrollo económico, equidad social y manejo racional de los recursos naturales.

En los últimos años, la conciencia sobre los aspectos ambientales del desarrollo y el concepto asociado al DS han penetrado gradualmente en las políticas y en las prácticas económicas y sociales, no obstante en la realidad apenas se empieza a trabajar sobre la interpretación del concepto (Ocampo, 1999).

La sustentabilidad permite trazar planes, programas y estrategias de desarrollo de las regiones y/o localidades considerando algunos aspectos como uso de suelo, manejo de recursos naturales y protección del medio ambiente (Guimarães, 1998);

además considera aprovechar los conocimientos y riqueza cultural del lugar para su propio desarrollo.

El reto del DS es irrenunciable y poco a poco se está convirtiendo en una condición esencial para el desarrollo de la calidad de vida de las comunidades humanas (Dourojeanni, 1999).

A partir del concepto de DS han surgido algunas metodologías en busca de la integración de las dimensiones social, ambiental y económica; para lo cual es necesario echar mano de nuevas herramientas, métodos y técnicas que impliquen cambios globales, con actuación y resultados locales.

El presente trabajo propone recomendaciones para el DS, en base al trabajo local, del cual se derivan estrategias donde se muestran las vocaciones naturales y socioculturales de dos comunidades rurales poco desarrolladas de Baja California Sur (BCS) México, las cuales, son ricas en recursos naturales pero pobres socialmente ya que presentan rezagos en educación, salud, vivienda, vías de comunicación entre otros (Méndez, 2005; Castorena y Breceda, 2003).

La comunidad costera de Puerto Chale (PCh), se encuentra ubicada dentro del complejo lagunar Bahía Magdalena (BM), en la que se lleva a cabo el 50% de la pesca artesanal (libre, permisionario y cooperativista) de todo el estado de BCS, por lo que tiene un valor estratégico natural y económico, además, se percibe la falta de valor agregado del producto pesquero para su comercialización (Méndez, 2005).

Por otro lado, la comunidad terrestre de San Jorge-San Dionisio (SJ-SD), está principalmente constituida por pequeños productores que para su sustento dependen en su mayor parte de la mano de obra familiar. Su estrategia de supervivencia se basa en la realización de diversas actividades productivas, algunas de las cuales van directamente al usufructo de los recursos naturales de una manera desorganizada; por ejemplo, la actividad ganadera se practica de manera extensiva, según datos de la SEMARNAT (2003). Se sabe que la falta de un control adecuado de ésta actividad ha propiciado un sobrepastoreo de más de 80 por ciento de la superficie apta (SEMARNAT, 2003). También en estas comunidades se presentan rezagos en educación, salud, vivienda y otros indicadores de bienestar (Castorena y Breceda, 2003; SEMARNAT, 2003; Olmos-Martínez, 2005).

Los problemas de pobreza se han asociado al deterioro de los recursos, se cuestiona si los individuos son pobres por que hay recursos deteriorados o si por que son pobres deterioran los recursos (Bifani, 1997). El concepto de sustentabilidad y pobreza están vinculados, la identificación de los factores que contribuyen a la pobreza y de las acciones que son necesarias para reducirla en vistas de buscar un DS es una de las bases de la presente tesis.

Aún cuando existen estudios y diagnósticos dirigidos a poblaciones rurales de BCS y sus comunidades, ninguno tiene carácter comparativo entre comunidades rurales pobres que sean costeras y terrestres que ayuden a sentar las bases para un DS en comunidades diferentes dentro de una misma región.

II. ANTECEDENTES

En octubre de 1984 como resultado de una mayor consciencia creada en muchos países acerca del deterioro ambiental y de sus repercusiones globales, la Asamblea General de las Naciones Unidas estableció la Comisión Mundial del Medio Ambiente y del Desarrollo (CMMAD) (Herrera, 1999; González, 1996).

Para el año de 1987 la CMMAD publica su informe llamado "*Nuestro Futuro Común*" conocido también como *Informe Brundtland* (IB), el cual abordó los temas desarrollo/medio ambiente con gran amplitud y llegó a la conclusión de que ambos procesos, considerados indisolubles, se podían armonizar en un nuevo concepto llamado DS; citado por primera vez en dicho informe (González y Ortega, 2006; DII, 2002; Herrera, 1999; United Nations, 2008).

La CMMAD destacó que es imposible seguir adelante con el actual estilo de desarrollo económico y la degradación ambiental resultante, por lo que recomienda adoptar un estilo de DS. El informe enfatizó que:

> "el desarrollo sustentable no es un estado de armonía fijo, sino un proceso de cambio por el que la explotación de recursos, la dirección de las inversiones, la orientación e los progresos tecnológicos y la modificación de las instituciones concuerdan con las necesidades tanto presentes como futuras." (Herrera, 1999).

El DS ha sido definido por el IB como el "Tipo de desarrollo que permite satisfacer las necesidades de las generaciones presentes sin comprometer la capacidad de las generaciones futuras para satisfacer sus propias necesidades" (González y Ortega, 2006; DII, 2002; González, 1996).

De acuerdo al IB la búsqueda del DS requiere lo siguiente (Herrera, 1999; United Nations, 2008; González, 1996):

1. Un sistema político que asegure una participación ciudadana efectiva en la toma de decisiones.
2. Un sistema económico que sea capaz de generar excedentes y conocimiento técnico sostenido y confiable.
3. Un sistema social que prevea soluciones a las tensiones originadas en un desarrollo inarmónico.
4. Un sistema de producción que respete la obligación de preservar la base ecológica para el desarrollo.
5. Un sistema tecnológico que pueda buscar continuamente nuevas soluciones.
6. Un sistema internacional que fomente patrones sustentables de comercio y finanzas.
7. Un sistema administrativo que sea flexible y tenga la capacidad de corregirse a sí mismo.

Sin duda el proceso hacia un DS es una propuesta que no se puede postergar, donde se busca que la sociedad y naturaleza entren en una interrelación de respeto mutuo (Guimarães, 1998; OECD, 2006).

Otro documento importante es el Programa de acción para el DS, mejor conocido como Agenda XXI, resultado de la Cumbre de la Tierra celebrada en Río de Janeiro, Brasil, donde el resultado de dicho Programa fue la formulación de acuerdos, declaraciones y programas de acción internacionales. A partir de estos acuerdos se crean los cimientos para la instrumentación de políticas sociales que fomenten el DS donde por primera vez el medio ambiente es una unidad de intervención con carácter prioritario (NU, 1998).

Para poder alcanzar el DS necesitamos estar conscientes de que los recursos naturales son limitados, aunado a que debemos respetar una serie de leyes impuestas desde el exterior, para conocer con mayor precisión no sólo el comportamiento del ecosistema, la biosfera y las limitaciones, sino también la serie de relaciones que se establecen entre el ambiente y la especie humana (Dourojeanni, 1999; Guimarães, 1998; OECD, 2006).

Las estrategias para trabajar en el concepto de DS se pueden seguir a través de dos dimensiones o límites territoriales: uno *global*, con referencia a la totalidad del espacio terrestre y otro *local*, más al alcance de la posibilidad de tomar decisiones compartidas entre un cierto grupo de actores involucrados en el mismo territorio (Dourojeanni, 1999; Guimarães, 1998; Herrera, 1999; Barkin, 1998); asimismo, para construir una sociedad sustentable se necesita un desarrollo cuyo eje central sean las personas y se preocupe en el mejoramiento de la condición humana y, que además, esté basado en la conservación y mantenga la variedad y productividad de la naturaleza (Herrera, 1999; OECD, 2006).

Dentro de la dimensión *local* necesitamos tener la capacidad de realizar transacciones entre los actores que comparten el territorio. En la toma de decisiones a nivel de municipios, microregiones, cuencas hidrológicas y localidades, el trabajo interdisciplinario, integral y participativo es de gran utilidad (Dourojeanni, 1999; Silva, 2003a).

Existe un gran vínculo entre DS y territorio, así como la capacidad de gobernabilidad que tiene la sociedad sobre dichos territorios, lo mismo pasa con la interrelación de los habitantes de diferentes territorios con fines de compensar y alcanzar mejores equilibrios conducentes al DS (Dourojeanni, 1999; Guimarães, 1998; United Nations, 2008). Este concepto tiene que ver con la posibilidad de mantener un equilibrio entre factores que explican un cierto nivel de desarrollo del ser humano, nivel que es siempre transitorio, en evolución y, al menos en teoría, debería ser siempre conducente a mejorar la calidad de vida de los seres humanos (Dourojeanni, 1999; OECD, 2006).

En ese sentido, la conservación y uso racional de los recursos naturales conllevan una mayor calidad de vida de la población, sin aumentar el uso de recursos naturales más allá de la capacidad del ambiente de proporcionarlos indefinidamente (Rosen, 2008). Lo anterior significa gestionar los recursos naturales de acuerdo con su potencial (Dourojeanni,1999; Boisier, 1997).

Considerando los referidos antecedentes teóricos, tratar de abarcar la gestión de los recursos naturales así como la problemática ambiental desde la perspectiva de una disciplina científica es imposible; luego entonces, se necesita un empeño multidisciplinario. En ese sentido, el escenario donde trabaja la economía ambiental, introduce a las personas dentro de una sociedad señalando su comportamiento, su racionalidad, sus necesidades y el uso de los recursos naturales para satisfacer las mismas (Martínez y Roca, 2000; Azqueta, 2002).

La economía ambiental estudia los principales problemas ambientales que enfrenta la humanidad, tales como la contaminación hídrica y acceso al agua potable; contaminación y pérdida de suelo; contaminación de mares y sobreexplotación de recursos; contaminación atmosférica, entre otros. Dichos problemas tienen una multitud de causas pero no cabe duda que la actividad económica de una sociedad organizada, produciendo, distribuyendo y consumiendo bienes y servicios, está en el origen o agravamiento de muchos de ellos ya que el sistema de mercado no es capaz de dar valor a la biosfera, por lo que surgen *externalidades negativas*[1] dañando al ambiente (Azqueta, 2002).

Actualmente los problemas socio-ambientales crecen en gran medida, lo que implica la elaboración de nuevas teorías, métodos y técnicas y su difusión a los actores académicos y organizaciones públicas y privadas (Boisier, 1997). Las bases del DS implican la necesidad de un proceso armonioso con el medio ambiente, pero que al mismo tiempo no sacrifique sus objetivos sociales fundamentales (Dourojeanni, 1999; Boisier, 1997; Bifani, 1980).

En la Figura 1 se aprecian las tres esferas del DS, estas son la sociedad, economía y medio ambiente, las cuales son de igual importancia en un esquema integral y multidisciplinario. Si no se avanza en igual forma en cada una de ellas nunca se podrá hablar de DS.

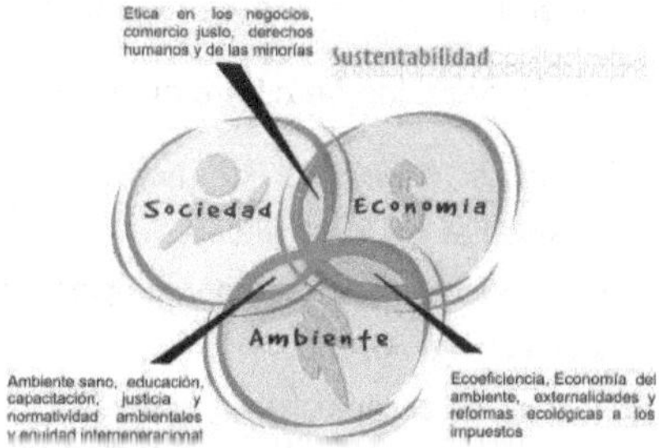

Figura 1. Esferas de la sustentabilidad

Fuente: CIDESON

[1] Cuando la actividad de un agente económico, productor o consumidor, afecta el bienestar de otro agente económico y quién provoca éste efecto no paga por ello.

La puesta en práctica de las bases del DS indica que las acciones prácticas tomarán un poco de tiempo y se requerirá de profundas transformaciones de todo tipo para lograrla.

Dentro de las metodologías para alcanzar un DS se conoce la propuesta por Dourojeanni (1999), en la que se requiere de al menos cuatro procesos de gestión:

1. La materialización de acciones (que llevan al crecimiento económico).
2. Transacciones (que conduce a la equidad).
3. Integración de áreas temáticas (que llevan al trabajo temático).
4. La incorporación de la temática ambiental.

Con lo anterior Dourojeanni afirma que en ámbitos no muy grandes, es posible orientar acciones que tienden al DS.

Por otro lado, todas las dimensiones están condicionadas por una dotación de recursos y servicios ambientales territoriales, por lo que el desarrollo depende de variables de carácter endógeno, en ese sentido la endogeneidad del desarrollo, según Guimarães (1998), depende de cuatro dimensiones:

1. Términos políticos (capacidad de negociación y determinación de decisiones relevantes para el territorio).
2. Términos económicos (capacidad de apropiarse del excedente y de las inversiones en el territorio).
3. Términos científicos tecnológicos (capacidad de generar sus propias innovaciones).
4. Términos culturales (existencia de una identidad propia, definidos territorialmente).

En ese sentido Boisier (1997), menciona que existen seis *factores del desarrollo endógeno*:

1. ACTORES presentes en determinado territorio, individuales, corporativos o colectivos, donde se requiere del "coeficiente de confianza" presente entre los actores.
2. INSTITUCIONES y la velocidad en que éstas reaccionan al cambio, su flexibilidad y su capacidad para aprender de la experiencia, por lo que se requiere de una dotación pública y privada de actores organizados institucionalmente para el desarrollo de una región, donde es importante la existencia de marcos legales para el desarrollo.
3. CULTURA y factores que revelan la existencia de una visión del mundo y de una ética, para medir los diversos patrones que dominan la cultura local.
4. PROCEDIMIENTOS utilizados por las distintas instituciones que operan el territorio, en especial dentro de los ámbitos de gestión de desarrollo, administración del gobierno y el manejo de la información.
5. RECURSOS existentes en el territorio, tanto recursos materiales (naturales y financieros) como los humanos (conocimientos y psicosociales).
6. ENTORNO, entendido como el medio externo en el cual el territorio tiene obligadamente que enfrentarse, es decir el territorio tiene que lograr articularse con las instancias superiores de poder económico y político.

A su vez, es necesario una *trama de relaciones* entre cinco componentes: Población, Organización social, Entorno, Tecnología y Aspiraciones sociales (POETA), los cuales determinan un estipulado modelo de ocupación del territorio, que son:

- **P** oblación — tamaño, composición, densidad y dinámica demográfica.
- **O** rganización social — patrones de producción, estratificación social y patrón de resolución de conflictos.
- **E** ntorno — medio ambiente físico y construido, procesos ambientales y recursos naturales.
- **T** ecnología — innovación, progreso técnico y uso de energía.
- **A** spiraciones sociales — patrones de consumo, valores y cultura.

Lo anterior muestra que se requiere de una nueva ética del desarrollo que promueva cambios cualitativos en el bienestar humano y garantice la integridad ecológica del planeta. La nueva ética, además de importantes elementos morales, estéticos y espirituales, deberá tener relación con dos fundamentos de justicia social: la justicia productiva y la justicia distributiva (Guimarães, 1998).

También Silva (2003a), alude que dentro de la metodología para la elaboración de estrategias de desarrollo local se deben considerar cuatro áreas temáticas que son:

1. Desarrollo económico local y fomento productivo,
2. Ordenamiento territorial y fomento productivo,
3. Desarrollo social y capital humano,
4. Desarrollo institucional y articulación de actores.

Por lo que se necesita, la búsqueda de respuestas para la superación de la pobreza, y en general, para la potenciación de nuevos estilos de desarrollo originados desde la base, es decir de las vocaciones y potencialidades naturales y socioculturales, pero sobre todo con la participación y consenso de la comunidad.

Dentro de los aspectos característicos de los procesos de desarrollo local, importantes al momento de discutir las acciones, Silva (2003a) indica los siguientes:

1. Son procesos de naturaleza endógena: emergen desde dentro, ya sea que estén desarrollados o se puedan desarrollar, por lo que se revaloriza el conjunto de recursos locales, buscando la utilización óptima de su potencial.

2. Basan su estrategia en una solidaridad con el territorio: mediante la identidad cultural como medio de lograr una imagen de marca diferenciada y atractiva que signifique la reactivación de desarrollo.
3. Responden a una voluntad de gestión asociativa entre representantes públicos y privados: dada una identificación previa de necesidades delimitadas territorialmente que hace que surja la identidad, se asocia con autoridades públicas locales y supralocales, empresas, centros de formación, y demás asociaciones diversas.
4. Liderazgo y animación del proceso: agilizar y dirigir a los actores socioeconómicos es fundamental para la iniciativa e integración de objetivos estratégicos, así como para motivar a la población para que participe.
5. La originalidad de las experiencias locales consiste en que permiten recoger y estimular todos los elementos endógenos dinámicos desde una perspectiva integral: incluyendo recursos humanos, físicos y financieros locales, pero también exteriores en vista de ayudar a nuevos proyectos.
6. Difícilmente compatibles en modelos o estructuras de gestión muy rígida o cerrada: demandan una postura de flexibilidad para enfrentar los desafíos.
7. Acciones que se pueden emprender y que se transforman en características de estos procesos: principalmente de las pequeñas y medianas empresas, beneficiándose de la situación geográfica y de un entorno económico favorable a su implantación.

La formulación de la propuesta estratégica de desarrollo con un enfoque integral debe estar compuesta por las siguientes características: determinación de objetivos estratégicos a partir del potencial económico local; creación de medios que involucren a todos los agentes económicos en el proceso; creación de las condiciones generales e infraestructura adecuada para permitir y facilitar el surgimiento de las iniciativas económicas; medidas de acompañamiento relacionadas con formación de los recursos humanos adecuado a la demanda del mercado de trabajo; medidas de acompañamiento relacionadas con programas de índole social, subsidios específicos y aspectos relacionados con los sectores de salud y educación (Silva, 2003a).

Las bases para el DS deben incorporar el combate a la pobreza y al mismo tiempo mejorar el medio ambiente, para lo cual se necesitan estrategias de desarrollo centradas y eficaz, al mismo tiempo que estén basadas en el aprovechamiento sustentable de los recursos naturales y que conduzcan a acciones encaminadas a favorecer a las comunidades pobres (Ramírez, 1999; Olmos-Martínez, 2005). Combatir la pobreza rural depende, en gran medida, de mejorar la capacidad de las comunidades pobres para obtener sus medios de vida y sus ingresos a partir de esos recursos naturales (PNUD y CE, 1999; Barkin, 1998).

La pobreza es un concepto multidimensional y varía de acuerdo a las condiciones de cada país, región, localidad y contexto de cada familia (Adams *et al.*, 2004; Boltvinik y Hernández, 1999). La pobreza trata de desigualdad, de marginación, de vulnerabilidad, de falta de accesibilidad a los servicios, de falta de satisfacción de las necesidades esenciales para la vida (alimento, vivienda y vestido); por lo que representa un problema social, cultural, político y económico (Boltvinik y Hernández, 1999; Hernández, 2001).

En diferentes foros internacionales se ha generado controversia alrededor de los conceptos de conservación-mitigación de la pobreza, algunos asumiendo efectos positivos y otros negativos, pero pocos casos han sido evaluados directamente (Roe y Elliot, 2006; Adams *et al.*, 2004).

Barkin (1998) menciona que la gente pobre es acusada de destruir sus entornos. Primeramente se enfrenta el problema de definir quién es pobre y después el estigma de que los pobres "saquean la tierra" debido a su insensible desperdicio de recursos naturales, pero este es más el resultado de una distribución inequitativa de la riqueza disponible y de la manera despiadada en que los ricos y poderosos defienden su control sobre los recursos disponibles que debido a una acción predefinida por agotar los recursos. Las investigaciones muestran que cuando se da oportunidad y acceso a los recursos; los pobres, más que otros grupos sociales, están propensos a emprender acciones directas para proteger y mejorar el ambiente (Scherr, 2000). Townsend (2003) menciona que la conceptualización rigurosa de las necesidades no es absoluta ya que los satisfactores básicos de la vida no son estáticos, se adaptan continuamente y se incrementan en la medida en que hay cambios en la sociedad y en sus productos. Indica que la creciente diversificación del trabajo, así como el crecimiento de nuevas y poderosas organizaciones, crea y reconstruyen las necesidades.

Si bien, el concepto de pobreza es multidimensional, en este estudio se parte de la evaluación de un índice que mide la privación en cuanto a las condiciones que permitan un desarrollo humano básico. Las variables utilizadas son alimentación, educación, salud, vestido, vivienda y transporte público a partir del ingreso o del gasto de los hogares (Cortés *et al.*, 2002a). Estas variables se miden a través de las llamadas líneas de pobreza, que a su vez, miden el nivel de ingreso o de gasto por debajo del cual no puede costearse una dieta mínima suficiente para la nutrición, más la satisfacción de las necesidades primordiales distintas de los alimentos, que en este caso incluyen la educación, salud, vestido, vivienda y transporte público (Cortés *et al.*, 2002a). El Comité Técnico para la Medición de la Pobreza en México (CTMP) de la Secretaría de Desarrollo Social (SEDESOL) adoptó tres categorías o líneas de pobreza (Cortés *et al.*, 2002b) para el diseño de sus políticas y programas: *pobreza alimentaria, pobreza de capacidades y pobreza de patrimonio.*

Una vez referidas las metodologías anteriores, se observa que, en general, se menciona la importancia del crecimiento con equidad y solidaridad con el territorio, donde la población tiene el papel más importante.

A la fecha, los gobiernos de varios países han realizado acciones encaminadas a nuevas estrategias de desarrollo involucrando el medio ambiente; desde la Cumbre de Río de Janeiro en 1992, México, junto con otros 177 países, ha adquirido el compromiso de emprender el DS en el marco de la globalización. En ese sentido, México necesita de un gran esfuerzo ya que el desarrollo económico y social no puede concebirse sin políticas ambientales integrales con el objetivo de equidad en el uso de los recursos naturales, recursos humanos y recursos materiales (Comisión de Estudios del Sector Privado para el Desarrollo Sustentable).

Aludiendo al marco teórico anterior, el tipo de desarrollo que se practica en algunas comunidades rurales terrestres y costeras del estado de BCS, como es el caso de SJ-SD (municipio de Los Cabos) y PCh (municipio de La Paz), tiene como resultado la existencia de problemas socio-ambientales.

La falta de planeación real de los programas gubernamentales en dichas comunidades, ha implicado un crecimiento desordenado ya que la extracción de recursos naturales ni es sustentable ni promueve a una mayor calidad de vida para la población. Los Planes de desarrollo para BCS realizados en los últimos años mencionan la importancia del DS así como el abatimiento a la pobreza, pero a la fecha, se han realizado pocas acciones concretas que coadyuven a tomar un rumbo distinto hacia un DS donde las comunidades humanas hayan reducido sus niveles de pobreza, aunado a que se han visto poco involucradas en la planeación económica y social.

III. ÁREAS DE ESTUDIO

III. I. PUERTO CHALE

En la costa occidental del estado de BCS se localiza el complejo lagunar costero de BM, área estratégica para el desarrollo del estado por su enorme cantidad de recursos naturales (Méndez, 2005; Ramírez, 1987). Dada la importancia del lugar, la investigación se limita a la comunidad rural y costera llamada PCh; la cual pertenece a la delegación de Los Dolores municipio de La Paz y se ubica en los 111º 33´ W y los 24º 25´ N (Figura 2).

III. I. I. CARACTERÍSTICAS FISIOGRÁFICAS

BM es un área semiárida rodeada por islas rocosas, playas deshabitadas, dunas de arena y canales de manglares, se divide en tres áreas perfectamente diferenciadas (Álvarez *et al.*, 1975):

1.- El área de canales Santo Domingo, al noroeste del complejo lagunar desde la boca de la Soledad al norte hasta Punta Edie al sur.

2.- El área de BM, desde Punta Edie hasta el Canal de la Gaviota al sur, comunicada con el Océano Pacífico.

3.- El área Bahía Almejas, situada al sureste, y comprende desde el canal de la Gaviota hasta PCh, comunicada con el Océano Pacífico y tiene un área total de 369.97 km^2 (Ramírez, 1987; Méndez, 2005).

Debido a sus características fisiográficas se considera un refugio natural para la flora y la fauna marina, así como para embarcaciones (Ramírez, 1987; Méndez, 2005). El área en general presenta clima caliente y seco. La temperatura promedio anual es de 20° C con máximos de 34 a 41° C (Méndez, 2005). La precipitación total anual promedio es de 125 mm (Rueda-Fernández, 1983).

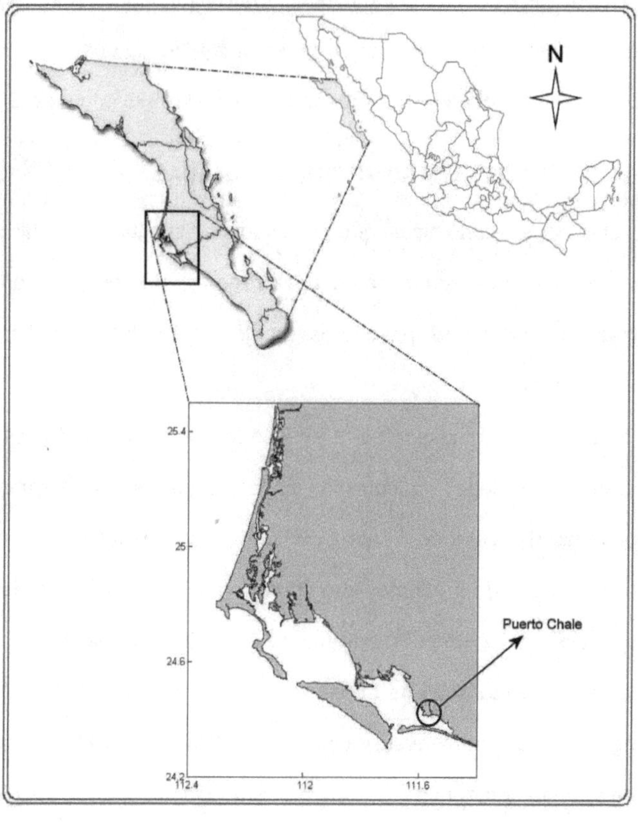

Figura 2. Localización de Puerto Chale en Bahía Magdalena, B. C. S.

Fuente: Elaboración propia

III. I. II. CARACTERÍSTICAS BIOLÓGICAS

BM tiene alta producción biológica; durante el reflujo se aportan elevadas concentraciones de fitoplancton (clorofila *a*). En cuanto al zooplancton, la especie más importante es el copépodo (*Calanus pacificus*) siendo dominante en un 80%. BM es la principal área de captura de sardinas (*Sarninops sagax y Opisthonema libertate*) en el estado de BCS (Rueda-Fernández, 1983; Méndez, 2005).

III. I. III. CARACTERÍSTICAS SOCIOECONÓMICAS

Las actividades económicas que se pueden distinguir en toda BM son pesca artesanal (75 organizaciones cooperativas y 60 permisionarios), actividad industrial con productos pesqueros (abulón, atún, langosta, sardina, calamar, camarón, etc.).

Existen 5 plantas procesadoras, 1 en Puerto Adolfo López Mateos y 4 en Puerto San Carlos; actividades agrícolas las cuales se centran en los embarques de maíz provenientes del Valle de Santo Domingo donde los volúmenes movilizados así como la variedad de productos van decreciendo y la actividad turística ofreciendo sus servicios mayormente a extranjeros (EE. UU. y Canadá) con actividades de pesca deportiva (carácter de tránsito o escala), actividades de campismo, kayak, surfing, observación de aves y ballena gris (Ramírez, 1987; Méndez, 2005). En PCh la actividad predominante es la pesca artesanal.

En la Tabla I se presentan datos de la población de BM concentrada en el área de Puerto San Carlos con cuatro poblaciones y el menor porcentaje se centra en el área de Almejas, tanto en el área de Santo Domingo, Puerto San Carlos y Almejas existe una similitud en cuanto a porcentaje de hombres y mujeres (Méndez, 2005). La población económicamente activa (PEA) se concentra en el área de Magdalena (Puerto San Carlos, Punta Arenas, San Buto y Puerto Magdalena) con 1,551 habitantes; de las cuales el 30% se ocupan en el sector primario, el 20% en el sector secundario y el 45% en el sector terciario (Tabla II) (Méndez, 2005; Rueda-Fernández, 1983).

Tabla I. Número de habitantes en cada población por áreas en el complejo lagunar Santo Domingo - Magdalena – Almejas.

Santo Domingo		Magdalena		Almejas	
Santo Domingo	722	Puerto San Carlos	3,990	Puerto Alcatraz	199
Las Botellas	33	Punta Arenas	28	Puerto Cortés	134
Los Prados	21	San Buto	22	Puerto Chale	212
Buenavista	9	Puerto Magdalena	259	El Dátil	70
Puerto A. López Mateos	2,309			Las Cuevas	19
				Rancho Nuevo	13
Total	3094 (38%)	Total	4299 (53%)	Total	647 (8%)
Hombres	51.30%	Hombres	50.60%	Hombres	51.80%
Mujeres	48.70%	Mujeres	49.40%	Mujeres	48.20%

Fuente: Méndez (2005):15.

Tabla II. Población económicamente activa por sector.

Áreas	PEA	Sector 1o.	%	Sector 2o.	%	Sector 3o.	%	Menos de 1 salario mínimo	%
Santo Domingo	1,081	372	34	315	29	340	31	132	12
Magdalena	1,551	469	30	308	20	693	45	145	9
Almejas	222	88	40	5	2	128	58	38	17
Total	2,854	929	33	628	22	1,161	41	315	11

Fuente: Méndez (2005):15.

III. II. SAN JORGE Y SAN DIONISIO

En México, las Reservas de la Biosfera se crean en áreas biogeográficas relevantes a nivel nacional, representativas de uno o más ecosistemas no alterados significativamente por la acción del ser humano o que requieran ser preservados y restaurados, en los cuales habiten especies representativas de la biodiversidad nacional, incluyendo a las consideradas endémicas, amenazadas o en peligro de extinción (D. O. F. 1988).

El Área Natural Protegida Reserva de la Biosfera Sierra la Laguna (REBISLA) se localiza al sur del estado de BCS, entre los municipios de La Paz y Los Cabos, tiene una extensión de 112,437 has, fue decretada como Reserva de la Biosfera el 6 de junio de 1994 y se establece una zona núcleo (32,519 has) y dos zonas de amortiguamiento (79,317 y 600 has) (Figura 3).

La REBISLA está formada por 15 subcuencas y constituye un área clave y representativa de la biodiversidad mexicana, ya que es el único bosque de coníferas, selva tropical, palmar, matorral y bosques de pino-encino de la península de Baja California y una de las mejor conservadas del Pacífico Mexicano (SEMARNAT, 2003), particularmente en su región noroeste ya que tiene ecosistemas únicos además de su importancia como sitio de recarga de los mantos acuíferos (SEMARNAT, 2003). No solo tiene importancia faunística y florística sino también social, ya que las actividades antropogénicas son las que interactúan con estos ecosistemas (SEMARNAT, 2003).

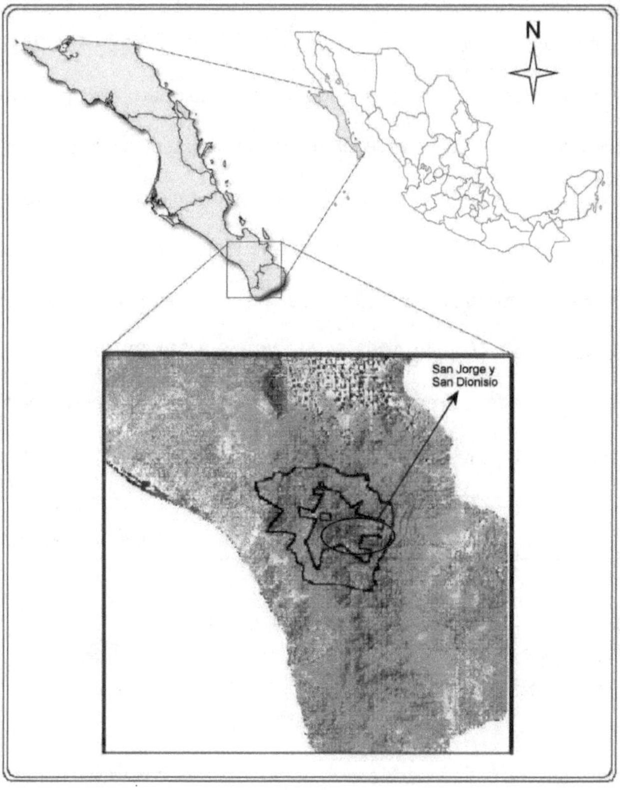

Figura 3. Localización de SJ-SD en la REBISLA, B.C.S.

Fuente: Elaboración propia

La presente investigación se limita a las comunidades terrestres de San Jorge (SJ) y San Dionisio (SD) las cuales se encuentran del lado del Golfo de California y pertenecen a la delegación de Santiago, Municipio de Los Cabos.

SJ tiene una superficie de 3,579 has con un perímetro de 39.8 km. (SEMARNAT, 2003), se ubica entre los 109° 47'20" W y los 23° 28'12" N (CEI, 2003). Una parte de SJ se encuentra en la zona núcleo y otra parte en la zona de amortiguamiento. Cabe señalar que SJ, como ejido, no se encuentra en su totalidad dentro del polígono del área natural protegida, siendo el objeto de estudio sólo la parte que forma parte de la REBISLA, donde se encuentran los asentamientos humanos.

SD tiene una superficie de 17,015 has con un perímetro de 68.1 km. (SEMARNAT, 2003), se ubica entre los 109° 51'45" W y los 23° 33'29" N (CEI, 2003). Al igual que SJ una parte se encuentra en la zona núcleo y otra parte en la zona de amortiguamiento (Figura 4).

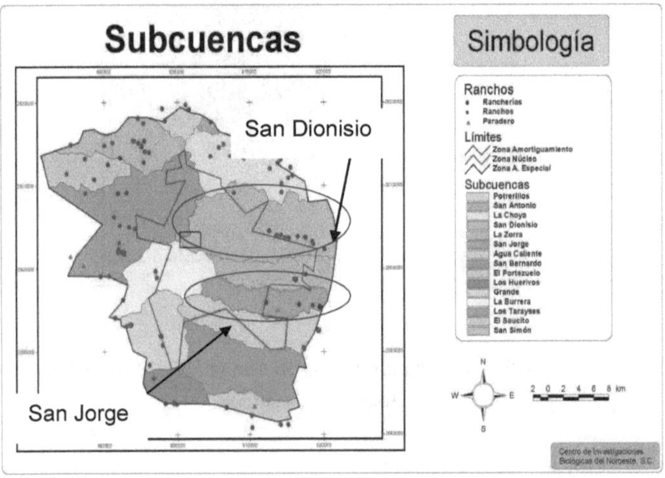

Figura 4. Localización de subcuencas en la REBISLA.

Fuente: Castorena y Breceda (2003):13.

III. II. I. CARACTERÍSTICAS FISIOGRÁFICAS

Debido a que SJ-SD se encuentran en la vertiente del Golfo de California, parte Este de la REBISLA, la abundancia de vegetación es significativa conforme se alejan de los ranchos, mientras que la abundancia de la aves es mayor mientras más se acerca a los ranchos (Castorena y Breceda, 2003). La altura máxima de SJ-SD es de 1200 msnm y la más baja de 150 msnm; los asentamientos humanos se encuentran a 190 msnm (SEMARNAT, 2000).

La geología superficial del macizo montañoso y parte de la región de las colinas está formada principalmente por rocas intrusivas masivas y, básicamente, por granitos y sienitas. Estos materiales rocosos son probablemente parte de un batolito del Cretácico que subyace en gran parte de la península de Baja California. Las rocas son de grano grueso y fuertemente consolidado (Padilla *et al.*, 1988).

Los suelos de la sierra están generalmente poco desarrollados, en las partes más abruptas de la REBISLA, dominan los suelos delgados y de poco desarrollo arbustivo limitados por rocas. La vegetación presente en este tipo de suelo es selva baja caducifolia y bosques (Maya, 1988).

La REBISLA representa la principal fuente de recarga de mantos freáticos ya que provee de agua al 67% de la población estatal, dentro de los límites de la reserva se encuentra el mayor porcentaje de la red fluvial de esta serranía producto de las lluvias (Castorena y Breceda, 2003).

En la parte alta de la REBISLA se presenta un clima templado sub-húmedo con una temperatura media anual de 14.7° C, mientras que en las partes bajas se presenta un clima semiárido con una temperatura media anual de 22.7° C. La temperatura del mes más frío es 18.4° C y la del mes más caliente es 27.4° C. Se estima que la precipitación media anual en la región oscila entre 200 mm en la costa y sobre los 600 mm en las partes altas (Ramírez, 2001; Coria, 1988).

III. II. II. CARACTERÍSTICAS BIOLÓGICAS

La vegetación en toda la REBISLA se divide principalmente en cuatro tipos de comunidades: 1) Los bosques de pino-encino entre los 1800 y los 1300 msnm dominados principalmente por pinos, encinos, madroños, sotoles y algunas especies perennes; 2) Los bosques de encino que se ubican entre los 1300 y los 800 msnm dominados principalmente por árboles de encino roble y encino laurel; 3) La selva baja caducifolia que se encuentra entre los 800 y 300 msnm dominada por el cardón barbón, mautoi, jacalosuchil, chilicote, palo zorrillo, palo chino y datilillo; por último 4) El matorral xerófilo sarcocaule se encuentra por debajo de los 300 msnm y es dominado por lomboy blanco, lomboy rojo, palo de arco, palo adán, torote, palo verde y lomboy; también a esta altura prevalece la selva baja caducifolia (Ramírez, 2001; Morelos, 1988).

Los estudios realizados sobre la fauna de la región son variados en esfuerzo y complejidad, lo que provoca que el tipo de información no sea similar en contenido para los diferentes taxa que habitan en el área (Ramírez, 2001).

El desarrollo de una riqueza biológica y de un endemismo tan alto se debe básicamente a su particular historia geológica (Arriaga, 1994), misma que ha permitido que en la REBISLA se encuentren especies únicas con características de insularidad, ya que se reportan muchos géneros representados sólo por una especie, siendo la gran mayoría de las especies susceptibles a depredadores introducidos (Arriaga, 1994).

Dentro de la fauna silvestre las especies de mayor valía son el venado bura (*Odocoileus hemionus peninsulae*) y cerdos ferales (*Sus scofra*) (SEMARNAT, 2003). El venado bura se encuentra distribuido en todos los tipos de vegetación y rangos altitudinales de la REBISLA, sin embargo, en la parte superior, con bosque de encino-pino es donde ha encontrado el hábitat más adecuado (SEMARNAT, 2003); actualmente la cacería dentro de la zona de la reserva es ilegal, por lo que cada vez menos este recurso forma parte de las alternativas de la población local; no obstante, dentro de la REBISLA se distribuyen poblaciones importantes de especies cinegéticas como: paloma de alas blancas (*Zenaida asiática clara*), venado bura (*Odocoileus hemionus peninsulae*) y la codorniz de California (*Lophortyx californica*) que pudiesen ser aprovechadas dentro de los marcos que establece el Programa de manejo de la REBISLA en áreas de manejo como UMAS (Castorena y Breceda, 2003).

III. II. III. CARACTERÍSTICAS SOCIOECONÓMICAS

Dentro de la REBISLA la organización social más importante de los ranchos es la familia, la cual se caracteriza por satisfacer parte de sus necesidades básicas del propio rancho. Los ranchos son modestos, se encuentran ubicados en planicies y laderas de los arroyos (SEMARNAT, 2003). El espacio ranchero está sujetado a la escasez y dispersión de los recursos, que junto con los factores culturales hacen que el hábitat del ranchero sea también disperso y escaso (Castorena y Breceda, 2003).

Algunas de las actividades que destacan en la REBISLA gracias a la tradición heredada son la ganadería, la talabartería, el fraguado y el forjado de hierro, el cultivo de hortalizas y la elaboración de conservas (SEMARNAT, 2003); y más recientemente, dada la necesidad de aumentar sus ingresos realizan trabajos diversos del sector terciario en Santiago y Los Cabos (Olmos-Martínez, 2005). Otras actividades son la de jornalero, agricultura, fruticultura, actividad forestal, minería, artesanías y ecoturismo (SEMARNAT, 2003).

Para el año 2000 el total de población en la REBISLA es de 641 habitantes (54% hombres, 46% mujeres), se encuentran en comunidades dispersas, excepto la ranchería SJ (Castorena y Breceda, 2003).

En toda la REBISLA los servicios públicos son incipientes y la población tiene bajos ingresos por lo que es un área que padece de pobreza y marginación (Castorena y Breceda, 2003). El número de habitantes en SJ es de 108 y en SD es de 66 (Tabla III).

De los 26 ranchos existentes en SJ, 24 se centran en una ranchería y los otros dos son unidades aisladas siendo éstas los ranchos Santa Rita y El Encinalito (Olmos-Martínez, 2005). Por su parte SD cuenta con un total de 11 ranchos dispersos (encuestas 2006).

La Tabla IV muestra que el 53% del total poblacional en la REBISLA se encuentra clasificada como PEA, de los cuales el 97% están ocupados. Por otro lado del 47% que se clasifica como PEI, el 71% son amas de casa y 26% estudiantes.

Tabla III. Población total por sub-cuencas según género en la REBISLA, 2000.

Sub-cuencas:	Mujeres	%	Hombres	%	Total	%
San Jorge	48	16.27	60	17.34	108	16.85
San Simón	53	17.97	53	15.32	106	16.54
La Choya	40	13.56	48	13.87	88	13.73
El Taraise	41	13.90	40	11.56	81	12.64
San Dionisio	31	10.51	35	10.12	66	10.30
Grande	16	5.42	26	7.51	42	6.55
Agua Caliente	13	4.41	22	6.36	35	5.46
Potrerillos	13	4.41	15	4.34	28	4.37
La Burrera	11	3.73	12	3.47	23	3.59
Los Huerivos	8	2.71	13	3.76	21	3.28
Portezuelo	8	2.71	7	2.02	15	2.34
El Saucito	6	2.03	6	1.73	12	1.87
La Zorra	4	1.36	6	1.73	10	1.56
San Antonio	3	1.02	3	0.87	6	0.94
Total población	295	100	346	100	641	100

Fuente: Castorena y Breceda (2003):30.

Tabla IV. Población económicamente activa total, ocupada y desocupada, población económicamente inactiva por condición de inactividad según género. REBISLA 1999-2000.

Condición de actividad	Mujeres	%	Hombres	%	Total	%
PEA total	16	7.24	247	89.17	263	52.81
PEA ocupada	13	81.25	241	97.57	254	96.58
PEA desocupada	3	18.75	6	2.43	9	3.42
PEI total	205	92.76	30	10.83	235	47.19
Amas de casa	166	80.98	0	0.00	166	70.64
Estudiantes	38	18.54	23	76.67	61	25.96
Otros inactivos	1	0.49	7	23.33	8	3.40

Fuente: Castorena y Breceda (2003):54.

La oficina de la Dirección de la Reserva de la Biosfera Sierra La Laguna, dentro del marco de la política ambiental dispuesta en la Ley General del Equilibrio Ecológico y Protección al Ambiente (LEGEEPA), ha trabajado bajo las estrategias de desarrollo y conservación de los recursos naturales con la administración de los mismos, donde la población tiene que acatar una serie de restricciones[2] que la limita al uso de los mismos, protegiendo la zona núcleo y creando la zona de amortiguamiento,[3] donde se permiten los asentamientos humanos. El programa de manejo menciona las actividades permitidas y prohibidas dentro de la matriz de zonificación (SEMARNAT, 2003). En ese sentido, la percepción que tienen los habitantes de lo que significa la reserva, no necesariamente es positiva, ya que la identifican como una acción gubernamental que ha venido a restringir sus actividades (Castorena y Breceda, 2003).

[2] Artículo 44, LEGEEPA: "Los propietarios, poseedores o titulares de otros derechos sobre tierras, aguas y bosques comprendidos dentro de áreas naturales protegidas deberán sujetarse a las modalidades que de conformidad con la presente Ley establezcan los decretos por los que se constituyan dichas áreas, así como a las demás previsiones contenidas en el programa de manejo y en los programas de ordenamiento ecológico que correspondan".

[3] Artículo 48, LEGEEPA: "[...] sólo podrán realizarse actividades productivas emprendidas por las comunidades que ahí habiten en el momento de la expedición de la declaratoria respectiva, o con su participación, que sean estrictamente compatibles con los objetivos, criterios y programas de aprovechamiento sustentable [...].".

IV. MATERIALES Y MÉTODOS

Se llevó a cabo un análisis comparativo de nivel de pobreza y uso de recursos naturales entre localidades terrestre (SJ-SD) y costera (PCh). El análisis se sustenta del resultado de las encuestas levantadas en las áreas de estudio durante el mes de noviembre de 2006 (véase apéndice). En cada una de las áreas de estudio se encuestaron 20 familias (abarcando 95 personas en la zona terrestre y 104 en la zona costera).

Estas localidades fueron seleccionadas ya que son ricas en recursos naturales pero pobres socialmente y son ideales para aplicar la metodología sobre el nivel de pobreza del CTMP de SEDESOL (2002) y la metodología de Iván Silva Lira (2003a).

Para efectos del presente estudio, cuando se utilice cualquiera de los términos comunidad, localidad y sociedad, se referirá a un "agrupamiento natural de las personas, que descansa en el parentesco y la vecindad, la cultura compartida y los usos populares, asentados en un sitio fijo con identidad propia interactuando entre si dentro y fuera de la misma".

IV. I. ANÁLISIS DE LA POBREZA (CTMP-SEDESOL)

El CTMP adoptó los siguientes criterios para el diseño de sus políticas y programas, basándose en tres categorías o niveles de pobreza (Cortés *et al.*, 2002a):

1. POBREZA ALIMENTARIA: Dentro de éste nivel se consideran los hogares cuyo ingreso es insuficiente para cubrir las necesidades de alimentación. Equivalente a 15.4 y 20.9 pesos diarios del año 2000 por persona en áreas rurales y urbanas, respectivamente.
2. POBREZA DE CAPACIDADES: Se considera a aquellos hogares cuyo ingreso es insuficiente para cubrir las necesidades de alimentación, educación y salud. Equivalentes a 18.9 y 24.7 pesos diarios del año 2000 por persona en áreas rurales y urbanas, respectivamente.
3. POBREZA DE PATRIMONIO: Se considera a aquellos hogares cuyo ingreso es insuficiente para cubrir las necesidades de alimentación, salud, educación, vestido, vivienda y transporte público. Equivalentes a 28.1 y 41.8 pesos diarios del año 2000 por persona en áreas rurales y urbanas, respectivamente.

En base a la Encuesta Nacional de Ingresos y Gastos de los Hogares (año 2000), elaborada por INEGI, con una muestra de 10,108 hogares (42,535 individuos) se determinó que el 18.6% de los hogares en el país (24.2% de la población total) caía dentro de la categoría de *pobreza alimentaria* en el año 2000; el 25.3% de los hogares (31.9% del total de la población) sufría pobreza de capacidades; por último determinó que el 45.9% de los hogares (53.7% de la población total) sufría pobreza de patrimonio. La metodología toma como medida de bienestar el ingreso por persona (después de impuestos) (Cortés *et al.*, 2002a).

El método recomendado por el CTMP es de carácter monetario[4], es también llamado *Línea de pobreza* (LP), consiste en la especificación de un umbral de pobreza, mediante la valoración monetaria de una canasta de bienes y servicios considerados básicos, y su comparación con los recursos de que disponen para adquirirla, por lo que si los recursos les son insuficientes, entonces, el individuo se encuentra en condiciones de pobreza. Dado lo anterior la línea de pobreza 1 es la

[4] Basadas exclusivamente en el ingreso o gasto de las personas.

llamada pobreza alimentaria, la línea de pobreza 2 es la pobreza de capacidades y la última línea de pobreza 3 es la pobreza de patrimonio (Cortés *et al.*, 2002b).

El CTMP concibe la pobreza como una carencia definida en distintos espacios:

> "• En oportunidades de participación en los mecanismos de decisión colectiva, o política, que le dan "voz" a la ciudadanía en la representación de sus intereses.
> • En mecanismos de apropiación o de ***titularidades*** sobre recursos, que entre otras cosas provocan incertidumbre respecto al acceso a satisfactores básicos.
> • En capital físico o humano (por ejemplo, carencia de cierto tipo de vivienda o de un número de años de educación formal).
> • En ingreso (por ejemplo, de flujos monetarios o no monetarios suficientes para adquirir ciertos satisfactores).
> • En bienes de consumo (por ejemplo, de una canasta de bienes alimenticios y no alimenticios).
> • En bienestar, entendido en un sentido subjetivo (por ejemplo, de un nivel de satisfacción personal adecuado)" (Cortés *et al.*, 2002a).

Según el CTMP la pobreza es un conjunto de relaciones sociales que excluyen a algunos hogares de la participación en los patrones normales de vida comunitaria y está relacionado con la desigualdad. Entonces se puede pensar que la pobreza es como una privación multidimensional, donde la persona pobre se ve ante la imposibilidad de obtener ciertos activos, ingresos, bienes de consumo y otros elementos.

Considerando las 3 líneas de pobreza definidas por SEDESOL así como los resultados de las encuestas, se calculó aritméticamente en cuál de las tres categorías de pobreza se encuentran las personas que viven en las zonas de estudio terrestre y costera. Se tomó en cuenta el ingreso nominal de la PEA ocupada agrupada por familia como variable principal. Cabe mencionar que las poblaciones en estudio, como se dedican a actividades primarias (pesca, ganadería, agricultura y fruticultura), también tienen ingreso en especie, es decir, aprovechan el pescado, ganado, frutas y verduras que ellos siembran para su alimentación. De tal modo que el ingreso en especie no fue tomado en cuenta en la estimación del nivel de pobreza de la población de las áreas de estudio, únicamente se utilizó el ingreso monetario de la PEA reduciendo la medición en una magnitud monetaria de las carencias de los individuos. Por lo anterior, el estudio se limita al concepto monetario; sin restarle importancia como herramienta de evaluación para el desarrollo de las áreas de estudio.

Se consideró utilizar las categorías de SEDESOL dado que el CTMP, tras la revisión de diversas metodologías existentes y la multiplicidad de opciones y alternativas sobre el tema, seleccionó sobre una base consensuada entre los integrantes del mismo comité,[5] las opciones metodológicas que conforman lo que consideran "metodología preliminar recomendable" para medir la pobreza oficialmente en el caso de México (Cortés *et al.*, 2002a).

La determinación de las líneas de pobreza involucra la identificación y cuantificación de los umbrales de pobreza, ya sea a partir del ingreso o del gasto de los hogares, donde se establece una canasta con los requerimientos esenciales de bienes, y a partir de ello se estima el valor de la línea de pobreza

[5] Miembros del comité: Fernando Cortés Cáceres y Luis Felipe López Calva de El Colegio de México, Rodolfo de La Torre de la Universidad Iberoamericana, Enrique Hernández Laos de la Universidad Autónoma Metropolitana-Iztapalapa, Luis Rubalcaba Peñafiel y John Scout del Centro de Investigación y Docencia Económicas y Graciela Teruel de la Universidad Iberoamericana (Cortés *et al.*, 2002a).

que permita a los individuos obtener el resto de los bienes necesarios, mediante su valuación monetaria (Cortés *et al.*, 2002a; Cortés *et al.* 2002b).

Según SEDESOL, la manera más sencilla y transparente de medir la pobreza es con el establecimiento de una línea de pobreza monetaria, ya que sólo hay que determinar qué ingreso corriente es necesario para que el individuo satisfaga sus requerimientos fundamentales (Cortés *et al.*, 2002a).

De las tres metodologías distintas consideradas por el CTMP para tomar en cuenta la composición demográfica de los hogares (términos per cápita, escalas de adulto equivalente y economías de escala) se optó por la sencillez que ofrece el tomar los ingresos per cápita del hogar, para confrontarlos con las líneas de pobreza. Este método consiste en dividir los recursos totales del hogar (medidos a través de la variable ingreso o gasto) entre el número total de miembros del hogar. Al hacerlo, se asigna igual importancia al consumo (o bienestar) de un niño que al adulto, independientemente de la edad o género, ya que este método supone que todos los miembros que componen el hogar tienen las mismas necesidades (Cortés *et al.*, 2000a).

Según la metodología adoptada por SEDESOL, la medición de la pobreza se ha dividido en dos subcategorías de acuerdo a la zona donde vive la población: rural y urbana, para lo cual las líneas de pobreza de la población rural demanda un ingreso menor por persona para satisfacer sus necesidades diarias comparándola con el ingreso necesario si se vive en una zona urbana.

Cabe aclarar que las encuestas levantadas arrojan el ingreso nominal fijo de las familias, y tomando en cuenta que la metodología habla de pesos diarios del año

2000; se realizó la deflactación de los ingresos, obteniendo el nivel de inflación de acuerdo al Índice de Precios al Consumidor (IPC) de la ciudad de La Paz (BANXICO) –base segunda quincena de junio de 2002–, iniciando el periodo el mes de agosto de 2000 (fecha en que se hizo el levantamiento de las encuestas por parte de INEGI, base de información para denominar en que grupo de pobreza pertenecen los hogares de México según el CTMP) se comparó con el incremento inflacionario que existió hasta noviembre de 2006 (mes en que se hizo el levantamiento de encuestas para la presente investigación), obteniendo así el ingreso real mensual por familia (véanse Tablas 1, 2 y 5 del Anexo 1) de acuerdo con las siguientes fórmulas:

Para obtener el IPC base 1

$$IPC_1 = \frac{IPC_{NOV06}}{IPC_{AGO00}} \qquad (1)$$

Donde:

IPC_1= Índice de precios al consumidor base 1

IPC_{NOV06} = Índice de precios al consumidor base 100 de noviembre de 2006

IPC_{AGO00} = Índice de precios al consumidor base 100 de agosto de 2000

Para obtener el ingreso real deflactado por familia

$$Y_{REAL} = \frac{Y_{NOMINAL}}{IPC_{BASE1}} \qquad (2)$$

Donde:

Y_{REAL} = Ingreso real deflactado

$Y_{NOMINAL}$= Ingreso nominal mensual

$IPC_{BASE\ 1}$ = Índice de precios al consumidor base 1

Para determinar el ingreso real diario per cápita:

$$Y_{REAL-PC} = \frac{\frac{Y_{REAL}}{NF}}{30} \qquad (3)$$

Donde:

$Y_{REAL-PC}$ = Ingreso real per cápita

Y_{REAL} = Ingreso real deflactado

NF = Número de integrantes de la familia

30 = número de días del mes

El ingreso real mensual por familia se dividió entre el número de integrantes de la familia (suponiendo que el ingreso familiar se reparte entre los integrantes equitativamente), el cual derivó un resultado que se dividió entre 30 para obtener el ingreso diario (suponiendo que todos los meses tengan treinta días), y el resultado obtenido es el ingreso real diario per cápita (véase Tablas 3 y 6 del Anexo 1), con el que finalmente se calculó en qué categoría de pobreza se encuentran los habitantes de la comunidad terrestre y costera (véase Tablas 4 y 7 del Anexo 1).

IV. II. ANÁLISIS DEL USO DE RECURSOS NATURALES

Para el análisis del uso de recursos naturales se trabajo a partir de las encuestas, se determinó la cantidad de flora y fauna utilizados por mes, por especie y por tipo de actividad (económica y social).

IV. III. METODOLOGÍA PARA LA ELABORACIÓN DE ESTRATEGIAS DE DESARROLLO LOCAL SUSTENTABLE (MEEDLS)

Bajo el esquema del DS de una economía local se pueden tomar decisiones al alcance de cierto grupo de actores, además de tomar decisiones compartidas, resaltando la importancia de la endogeneidad del territorio, aprovechando de él los recursos disponibles ya sean sociales, económicos o ambientales (Dourojeanni, 1999; Guimarães, 1998; Silva, 2003a), lo anterior nos permitió la identificación de vocaciones naturales y socioculturales para la propuesta de desarrollo local.

En ese sentido, se decidió aplicar la "Metodología para la elaboración de estrategias de desarrollo local" (MEEDLS) de Silva (2003a) (CEPAL-ILPES); en la aplicación se realizó una serie de ajustes necesarios para la dimensión territorial que interesa al presente estudio; el principal ajuste es que se trabajó con el método de observación y no solo con el método de participación social, con apoyo de las visitas y encuestas. Se siguieron las cinco fases recomendadas por Silva (2003a) hasta llegar a la propuesta de DS para las áreas terrestres y costera, la cual concluye la estrategia a seguir, partiendo de actividades productivas de acuerdo a sus vocaciones y potencialidades.

Esta metodología plantea trabajar con la realidad de un espacio local concreto, con la oportunidad de revisar conceptos y aplicar herramientas y técnicas tomando en cuenta el actual desarrollo económico, el desarrollo de infraestructuras, el desarrollo social y el desarrollo institucional y sobre todo evaluando el potencial de recursos endógenos de la localidad. Partiendo de que el desarrollo local está condicionado por el entorno, sea favorable o no, se deberá considerar el análisis de sus restricciones y potencialidades, teniendo en cuenta que es poco lo que se puede hacer.

Una vez detectadas las potencialidades de los recursos endógenos (físicos, humanos, económicos, financieros, tecnológicos, socioculturales y el capital social) es necesario utilizarlas y activarlas; el capital social es fundamental para tener éxito ya que esta asociado al "grado de confianza existente entre los actores sociales de una sociedad, las normas de comportamiento cívico practicadas, y el nivel de asociatividad que las caracteriza; estos elementos son evidenciadores de la riqueza y fortaleza del tejido social interno de una sociedad" (Silva, 2003a).

Los actores de cambio son básicamente las autoridades locales, universidades, centros de formación, agentes de desarrollo local y otras quienes impulsan este proceso, en este caso el área terrestre es apoyada por las oficinas de la dirección de la REBISLA, siendo el principal proveedor de fondos para actividades productivas locales que ayudan a la población de la reserva apoyados por el programa de manejo.

Silva (2003a, 2003b) asegura que existen buenas razones para pensar que en lo local y específicamente en procesos de desarrollo, es posible encontrar fuertes vínculos entre crecimiento y equidad, entre desarrollo económico y desarrollo social, en respuesta efectiva para la identificación de políticas destinadas para superar la pobreza de las comunidades de la región. Es necesario determinar cuáles son los recursos con los que se cuenta, los que se están subutilizando y cuáles son las necesidades que se requiere satisfacer de las personas, las comunidades y la sociedad en su conjunto. La metodología que se sugiere debe contener objetivos estratégicos, dado el potencial económico local; creación de medios que involucren a todos los agentes económicos, creación de condiciones generales e infraestructura; formación de recursos humanos adecuados a las demandas del mercado con programas de índole social y aspectos relacionados con sectores de salud y educación; además puede apoyar el cambio del actual estilo de desarrollo económico y la degradación ambiental resultante.

La aplicación de las cinco fases propuesta por Silva (2003a) es un proceso de planificación estratégica derivadas de un perfil de desarrollo como el siguiente:

A) Diagnóstico: consiste en obtener información que permita conocer los recursos naturales y sociales disponibles proporcionando información para conocer la capacidad de desarrollo.

B) Identificación de vocaciones: definida por la aptitud, capacidad o característica especial de la localidad para su desarrollo; a partir de aspectos productivos, socioculturales, infraestructura, servicios públicos y aspectos institucionales. Esto se obtiene mediante de una matriz de potencialidades y limitaciones que conlleven a la identificación de las vocaciones de las actividades en las áreas de estudio.

C) Definición de los objetivos estratégicos y específicos: los cuales se obtienen a partir del problema central (derivado de los problemas enumerados), mediante la técnica del árbol de problemas (donde se enumeran las causas y sus efectos), el cual nos dará como resultado un análisis de objetivos (elaborando un árbol de medios y fines) donde finalmente se obtendrá la descripción de la situación esperada (meta), que sería la resolución del problema central, el cual se convierte en el gran objetivo de planificación. En este sentido, los fines y la situación esperada asociados a esta fase se transformarán en los objetivos estratégicos y específicos, logrando obtener la matriz de asignación de objetivos.

D) Definición de la estrategia de desarrollo local sustentable: se entiende como el camino seleccionado para alcanzar los objetivos propuestos, donde se deciden las líneas de acción y de intervención. Para ello se recurre a la técnica de análisis de Fortalezas, Oportunidades, Debilidades y Amenazas (FODA), donde se busca estudiar las variables internas (fortalezas y debilidades) y externas (oportunidades y amenazas) que pueden condicionar o viabilizar el alcance de los objetivos.

E) Recomendación de acciones específicas: las cuales se definen a partir del resultado del análisis FODA y la elaboración de una Matriz de objetivos y estrategias que nos ayude a identificar los objetivos específicos, los cuales se convierten en propuestas de actividades productivas seleccionadas que coadyuven al DS de las comunidades de acuerdo a las vocaciones.

V. RESULTADOS

V. I. ANÁLISIS SOCIOECONÓMICO

En PCh, la población se asentó en el lugar desde hace aproximadamente 50 años (según opiniones de los habitantes de la comunidad), la riqueza en especies marinas importantes para la actividad pesquera del estado de BCS dio pié al crecimiento de la comunidad ya que se concentraron varios pescadores con sus familias. La población esta formada por lugareños y fuereños sobre todo de los estados de Sonora y Sinaloa. Asimismo, la cercanía con las ciudades de La Paz y Cd. Constitución ayudan a que la población de PCh tenga relaciones socioeconómicas con esas ciudades. El acceso a PCh es camino de terracería de aproximadamente 25 Km entrando por la carretera Transpeninsular en la comunidad de Santa Rita (km 175 de la carretera Transpeninsular).

Según datos del II Conteo de Población y Vivienda 2005 de INEGI (2006), BM tiene un total de 8,285 habitantes concentrados mayormente en las comunidades de Puerto San Carlos (56%) y Puerto Adolfo López Mateos (26%). PCh, tiene un total de 256 habitantes (51% hombres y 49% mujeres).

En SJ-SD se encuentran familias agrupadas en ranchos dispersos, desde hace aproximadamente 300 años existen importantes asentamientos humanos en toda la REBISLA (Cariño, 1992); dadas sus costumbres, relaciones y actividades nos proporcionan un panorama general de su vida actual, así como su cultura y valores regionalistas (SEMARNAT, 2003). La cercanía de SJ-SD con las ciudades de La Paz y Los Cabos hace que las interacciones socioeconómicas con estas ciudades sean de gran importancia.

La carretera Transpeninsular es la vía de comunicación de acceso a SJ-SD, a través de la Comunidad de Santiago (km 85 de la carretera Transpeninsular) en camino de terracería de aproximadamente 15 Km.

De acuerdo con datos de SEMARNAT (2003), para el año 2000, toda la REBISLA registró un total de 738 habitantes (55% hombres y 45% mujeres), los cuales se asientan en 106 ranchos y una ranchería. Según el II Conteo de población y vivienda 2005 (INEGI, 2006), en SJ-SD se registran 133 habitantes (54% hombres y 46% mujeres).

En la Tabla V se muestran algunas características de la población de las áreas de estudio. Tanto en la población costera de PCh como la terrestre de SJ-SD, se observa que el porcentaje de la población de entre 15 y 59 años de edad no sobrepasa el 58% del total poblacional (hombres y mujeres), lo que muestra que al menos el 42% de la población son niños o adultos mayores, los cuales dependen económicamente de la población activa. En la población terrestre existe mayor arraigo que en la costera y el nivel de analfabetismo es muy bajo en ambas áreas.

Tabla V. Características de la población de las áreas de estudio

	Localidad			
	Puerto Chale		San Jorge y San Dionisio	
Población Total	256		133	
	H	M	H	M
	51%	49%	54%	46%
Importancia relativa entre la población de cada localidad y el grupo de localidades al que pertenecen.	3% de BM		18% de REBISLA	
Porcentaje de la Población de entre 15 y 59 años de edad respecto al total.	H	M	H	M
	32%	26%	30%	26%
Relación Hombre/Mujer[6].	1.03		1.18	
Porcentaje de la población de 5 años y más que vive dentro de la localidad	84%		93%	
Población analfabeta de 15 años y más.	7%		6%	
Población No derechohabiente de ningún Servicio de Salud.	37%		52%	

FUENTE: II Conteo de Población y Vivienda 2005, INEGI.
H: Hombres, M: Mujeres.

Las viviendas de las áreas de estudio están muy diferenciadas dependiendo de donde se localicen, es decir, las que se localizan en el área costera tienen más carencias que las localizadas en el área terrestre. Las diferencias más relevantes entre las viviendas se aprecian en la Tabla VI, dentro de ellas salta a la vista que en la zona costera de PCh no cuentan con servicio de agua entubada y alcantarillado, el suministro de energía lo hacen a través de plantas solares; el 100% de las viviendas tienen acceso al agua dulce por parte de la desaladora de la localidad administrada por SAPA[7] con un costo de $15.00 por barril de 200 litros. El caso del área terrestre de San Jorge el agua la extraen de pozo por

[6] Indica número de hombres por cada 100 mujeres.
[7] Servicio de Agua Potable y Alcantarillado.

conducto de bomba eléctrica, pagando entre todas las viviendas el gasto de la electricidad que son aproximadamente $60.00 mensuales por vivienda y en San Dionisio el agua la obtienen del arroyo jalándola a gravedad.

Se evidencia la gran diferencia de las comunidades terrestres y costeras de estudio, solo con observar uno de los indicadores, específicamente nos referimos al acceso al recurso agua ya que aunque en PCh tienen acceso al agua dulce, éste es un recurso caro y escaso, sin embargo en SJ-SD el recurso lo tienen al alcance y a bajo costo ya que cuentan con arroyos y pozos.

Tabla VI. Características de la vivienda de las áreas de estudio

	Localidad	
	Puerto Chale	San Jorge y San Dionisio
Viviendas Totales.	57	34
Ocupantes por vivienda habitada.	4.49	2.96
Tienen sanitario o letrina.	93%	76%
Tienen alcantarillado.	0%	0%
Tienen acceso al agua.	100%	100%
Tiene energía eléctrica.	43%	68%
No disponen de bienes (refrigerador, computadora, televisor, lavadora o radio).	57%	9%
Tienen piso de tierra.	69%	18%
Tienen jefatura masculina.	88%	82%

FUENTE: II Conteo de Población y Vivienda 2005, INEGI.

Las viviendas que cuentan con servicio de energía eléctrica en la parte terrestre de SJ reciben el servicio por parte de la CFE[8], por su parte en SD el acceso a la energía es por medido de plantas solares. Asimismo, el 43% de las viviendas que cuentan con energía en la parte costera lo hacen también con plantas solares.

[8] Comisión Federal de Electricidad.

Otra diferencia muy significativa es que la población de SJ-SD tiene mayor nivel de bienestar que la población de PCh ya que el porcentaje de viviendas que no cuentan con bienes es mucho menor que en la parte costera de PCh.

Se identifica que el 100% de la población de SJ-SD no tiene conocimiento de lo que es un recurso natural, mientras que en PCh se reduce un poco con el 85%. Lo que indica que las personas no pueden conservar y aprovechar racionalmente un recurso, si no conocen las características y disponibilidad del mismo, ya que según la antigua percepción que tienen del recurso natural es que es infinito.

La Tabla VII muestra que las principales actividades económicas del sector primario en las áreas de estudio son ganadero y pescador, destacando en cada área actividades propias de acuerdo a las características ambientales. En el área terrestre, a diferencia del área costera, la población tiene diversidad de actividades económicas, haciendo mención especial a la actividad de empleado asalariado dentro del sector terciario, la cual tiene el 40% de la PEA ocupada (por encima de la ganadería), también existen las actividades de fruticultor, restaurantero, talabartero y algunos servicios ecoturísticos.

Existe una semejanza en la moda del ingreso de ambas áreas de estudio con $5,000 mensuales por familia. Sobre los intervalos de los ingresos mensuales de ambas áreas se observa que en PCh existe un ingreso más alto que en SJ-SD, sin embargo, las familias asentadas en la parte costera tienen menor nivel de bienestar y que las asentadas en la parte terrestre, dados los indicadores mencionados.

Tabla VII. Características de las actividades económicas de las áreas de estudio

	Localidad			
	Puerto Chale		San Jorge y San Dionisio	
Tipo de actividades.	Pesca, Comercio, Mecánica, Empleos varios.		Ganadero, Jornalero, Carpintero, Empleado, Apicultor.	
Actividad económica preponderante del sector primario.	Pesca (95%)		Ganadero (19%)	
Actividad económica preponderante del sector terciario	Comercio (3%)		Empleado (40%)	
Tiempo promedio dedicado a la actividad preponderante.	20 años		30 años	
Moda del ingreso mensual familiar	$5000 (30%)		$5000 (23%)	
Ingreso mensual familiar (máximo y mínimo).	máximo	mínimo	máximo	mínimo
	$15,000	$2,500	$9,250	$3,750

En PCh se pesca todo el año las diferentes especies, el 52% pesca en la zona de la Bahía Almejas y el 48% en el Estero. El 74% de los pescadores dicen que en las zonas de captura se pueden localizar entre 1 y 50 embarcaciones, donde cada embarcación lleva consigo de una a cinco personas. El tiempo promedio de pesca es de 6 a 8 horas. El 78% de los pescadores reportan usar como arte de pesca el chinchorro, seguido de 68% con tarraya y con menor frecuencia usan churupera y maya.

Los pescadores reportan comercializar el 63% de las veces con la Cooperativa asentada en PCh, llamada "Cooperativa Puerto Chale", el 32% comercializan directo al consumidor y el 5% al permisionario. El 79% de los pescadores informa que la entrega del producto es limpio y en partes. Algunas de las especies capturadas así como el precio de venta por kilo con la "Cooperativa Puerto Chale" se muestran en la Tabla VIII.

Tabla VIII. Especies capturadas y comercializadas con la "Cooperativa Puerto Chale" y precios de venta del 2006.

Especie	Precio de venta por kilo (pesos)
Camarón	
Azul *(Litopenaeus stylirostris)*	
Café (*Farfantepenaeus californiensis)*	$45.00
Callo de hacha (*Pinna rugosa*)	$140.00
Corvina (SCIAENIDAE)	$12.00
Roncacho (HAEMULIDAE)	$4.00
Mantaraya	
Voladora *(Manta birostris*)	
Cubana *(Mobula thurstoni)*	
Chica *(Mobula munkiana)*	
Arpón *(Mobula japónica)*	
Cornuda *(Mobula tarapacana)*	$13.00
Lisa *(Mugil cephalus*)	$5.00
Sierra (*Scomberomorus sierra*)	$8.00
Botete (*Sphoeroides angusticeps*)	$22.00
Jaiba	
Verde *(Callinectes bellicosus)*	
Azul *(Callinectes arcuatus)*	$15.00
Pierna *(Caulotatilus princeps)*	$15.00
Guitarra (*Rhinobatos rhinobatos*)	$8.00
Mojarra (*Eucinostomus entomelas*)	$10.00
Robalo (CENTROPOMIDAE)	$4.00
Jurel (CARANGIDAE)	$10.00
Verdillo *(Paralabrax nebulifer)*	$6.00

El promedio de combustible gastado en los viajes de captura esta entre 40 y 45 litros; por otro lado, el 95% de los pescadores reportan no gastar nada en el transporte del producto ya que la Cooperativa esta instalada frente al varadero donde desembarcan, el 5% dice gastar entre $500.00 y $1,000.00 en su transporte.

Las personas que viven en PCh dijeron que las vocaciones socioculturales y naturales de la comunidad son pesca, turismo, hielera y tortillería, en orden de importancia. Se puede interpretar que las respuestas las basan primero, en las vocaciones naturales y segundo, en necesidades insatisfechas existentes.

Dentro de las diversas actividades económicas practicadas en el área terrestre de SJ-SD, el 74% de las familias reportan que utilizan al menos 1000 litros de agua al mes y el 75% asume practicar la ganadería de forma extensiva. La Tabla IX muestra la distribución del ganado bovino (representativo del área terrestre de estudio) dentro de las familias ganaderas.

Tabla IX. Número de cabezas de ganado bovino por familia.

Número de cabezas	% de las familias
4	7
5	7
6	7
8	14
9	7
12	7
20	21
30	7
50	7
60	15

En SJ-SD el 36% de los ganaderos dicen utilizar sólo el 2% del ganado bovino para autoconsumo y mientras que un 27% de ellos utilizan hasta el 10%. El 100% utilizan complemento alimenticio para alimentar al ganado sobre todo en época de sequía, lo que utilizan mayormente es el concentrado, el 34% de ellos dicen gastar más de $5,000.00 mensuales en el complemento, dependiendo del tamaño del hato ganadero.

El 53% de los ganaderos comercializan con intermediarios y el 42% directamente al consumidor. Asimismo el 54% de los ganaderos comercializan el producto en pie y en canal, el precio de venta promedio es de $15.00 en pie y $28.00 en canal. La mayoría de los ganaderos reportan que el precio de venta lo decide el intermediario. El promedio de reses vendidas al año es de 10 cabezas por familia.

El 61% de las personas con actividad económica en el sector primario y que es realizada dentro del área de estudio, no invierten en transporte del producto que comercializan (ganado, dulce regional, muebles, queso, chorizo, dulces regionales, miel, talabartería, etc.) ya que lo entregan en su propio rancho y el 38% invierten menos de $500.00 al mes ya que solo lo transportan a la comunidad de Santiago.

Finalmente, las personas que viven en SJ-SD dijeron que las vocaciones socioculturales y naturales de la comunidad; en orden de importancia son, ganadería, ecoturismo, fruticultura y elaboración de dulces regionales.

V. II. ANÁLISIS DE LA POBREZA

El significado de *pobre* es un necesitado, menesteroso y falto de lo necesario para vivir, o que lo tiene con mucha escasez (DRAE, 2007). Por lo que el término pobreza esta relacionado a la necesidad o carencia, misma que esta vinculada con lo necesario para el sustento de la vida. También el significado de necesidad es la falta de las cosas que son indispensables para la conservación de la vida, se refiere al carácter imprescindible de una situación o de un objeto.

Dado que la pobreza esta directamente relacionada con el nivel de vida y la desigualdad dentro de la dimensión de la vida social, los elementos constitutivos que determinan la pobreza van directamente ligados al grado de satisfacción de las necesidades humanas (Boltvinik, 2003; Barkin, 1998). Las necesidades humanas o necesidades básicas también son diferentes dependiendo de la cultura o incluso de los individuos dentro de la misma sociedad.

En general pueden identificarse algunos indicadores que tienen que ver con la satisfacción de las necesidades y también con las realizaciones y características de cada persona, dichos indicadores los podemos identificar como: alimentación; vestido; servicio de agua y drenaje; la vivienda; la electricidad; el mobiliario y equipamiento del hogar; nivel educativo; servicios gratuitos de salud; medios de comunicación; transporte y el tiempo libre para la recreación, entre otros (Sen, 2003).

Los habitantes de las comunidades de PCh, SJ-SD tienen acceso al capital natural que les brinda el medio ambiente donde se desarrollan; ese capital puede ser el mar, los bosques, el agua, la tierra, minerales entre otros. La población rural sobrevive en gran parte a los recursos naturales, la supervivencia de los pobres está fuertemente condicionada al acceso a los recursos naturales (PNUD y CE, 2000).

Las características socioeconómicas de las áreas de estudio terrestre y costera, muestran un panorama general del tipo de vida que tienen los habitantes de PCh, SJ-SD; los cuales carecen de bienes y servicios esenciales para la vida, es decir sufren de pobreza, dado que no cubren las necesidades básicas para tener un modo de vida de acuerdo, por ejemplo, la falta de alcantarillado, escuelas, vivienda digna, alimentación suficiente, recolección de basura entre otros, sobre todo, servicios públicos. Pero, ¿que tipo de pobreza existe en PCh, SJ-SD? De acuerdo con SEDESOL, el nivel de pobreza existente se observa en la Tabla X, la cual describe las tres líneas de pobreza descritas por el CTMP, mostrando la incidencia de los habitantes de las áreas de estudio.

POBREZA ALIMENTARIA: El 5% de los habitantes de la zona costera sufre de pobreza alimentaria, mientras que en la zona terrestre, el porcentaje asciende a 22 puntos, lo que significa que según la canasta básica de alimentos (cuantificación de los bienes nutricionales mínimos necesarios), definida y calculada por el INEGI con la colaboración de la Comisión Económica para América Latina (CEPAL), en la zona terrestre existe más población que no obtiene los requerimientos mínimos de nutrientes, que para áreas rurales es de 2,180 calorías y 37 gramos de proteína por persona por día (Cortés *et al.*, 2002b), en comparación con la zona costera.

POBREZA DE CAPACIDADES: El 23% de los habitantes de la zona costera sufre de pobreza de capacidades, es decir, no tiene recursos para adquirir el valor de la canasta alimentaria, más una estimación de los gastos necesarios en salud y educación; en ese sentido el porcentaje de habitantes dentro de la misma categoría en la zona terrestre asciende a 28%, se observa que solo existe una diferencia del 5 % entre una zona y la otra, pero al igual que en la categoría anterior, la zona terrestre sigue mostrando ser más pobre que la zona costera.

Tabla X. Categorías de pobreza en las áreas terrestres y costera, porcentaje de la población total para el año 2006

CATEGORÍAS	COSTERA (PCh)	TERRESTRE (SJ-SD)
	%	%
POBREZA ALIMENTARIA: Se consideran los hogares cuyo ingreso es insuficiente para cubrir las necesidades de alimentación. Equivalente a 15.4 pesos diarios del año 2000 por persona en áreas rurales.	5	22
POBREZA DE CAPACIDADES: Se considera a aquellos hogares cuyo ingreso es insuficiente para cubrir las necesidades de alimentación, educación y salud. Equivalentes a 18.9 pesos diarios del año 2000 por persona en áreas rurales .	23	28
POBREZA DE PATRIMONIO: Se considera a aquellos hogares cuyo ingreso es insuficiente para cubrir las necesidades de alimentación, salud, educación, vestido, vivienda y transporte público. Equivalentes a 28.1 pesos diarios del año 2000 por persona en áreas rurales.	39	58

POBREZA DE PATRIMONIO: En ésta última categoría de pobreza, al 39% de los habitantes de la zona costera, su ingreso no les alcanza para adquirir el valor de la canasta alimentaria, más la estimación de los gastos en salud, educación, vestido, vivienda y transporte público, éstos últimos son gastos no alimentarios considerados como necesarios en los patrones de gasto de la población y reflejan los gustos y preferencias de los consumidores, por su parte el 58% de los habitantes de la zona terrestre tiene las misma carencias antes mencionadas.

Los resultados anteriores excluyen otros indicadores de importancia en las aéreas de estudio, por ejemplo no incluye el aprovechamiento de los recursos naturales del entorno y no toma en cuenta los precios de la canasta básica al estar localizados en la zona cara de BCS. Por lo consiguiente, al observar la pobreza solo desde un parámetro meramente monetario se refleja mayor pobreza en la zona terrestre. En ese sentido, la zona costera que solo hace uso de recursos marinos para obtener su bienestar, donde los habitantes no tienen la oportunidad de sembrar, cosechar y criar animales domésticos que les ayudarían a tener acceso a una mejor alimentación y niveles de bienestar, demuestran ser menos pobres sólo porque la ganancia económica de su actividad pesquera genera mejores rendimientos.

V. III. ANÁLISIS DEL USO DE RECURSOS NATURALES

Los Recursos Naturales constituyen el patrimonio de la humanidad en la Tierra, representan la fuente de abastecimiento de la oferta natural y modificada de los bienes y servicios de la naturaleza. Además, integran los ecosistemas y el entorno global donde la sociedad desarrolla sus actividades (Azqueta, 2002). Su manejo, conservación, preservación y uso dependen de las decisiones humanas, donde los criterios políticos, técnicos, económicos, sociales, culturales y tradicionales juegan un rol dentro de la ecología, de enorme trascendencia para la evolución del hombre en la tierra (Bifani, 1997).

El objetivo del uso de los recursos naturales, es el bienestar del hombre. Por lo tanto, las condiciones de vida que generen las actividades humanas sobre los recursos naturales y su entorno, son causa y efecto del hombre mismo (Barkin, 1998). El conocer el potencial de los recursos naturales representa una gran ayuda para definir lineamientos de política encaminados al DS.

Dentro de la dinámica del desarrollo existen dos disciplinas que están estrechamente relacionadas, estas son la ecología y la economía, ambas tienen un factor común: la sociedad (Barkin, 1998). Si se entiende al medio ambiente como el conjunto de la naturaleza y de las actividades humanas dentro del cual el hombre busca su bienestar, ésta búsqueda es continua, dinámica e implacable, lo que conocemos como desarrollo económico y social (Bifani, 1997; Daly y Cobb, 1993).

El desarrollo económico y el uso, manejo y conservación de los recursos naturales debe entenderse como un cuadrinomio donde la aplicación de recursos (humanos, financieros, biológicos y físicos) sea con el fin de satisfacer las necesidades humanas mejorando el nivel de vida de las poblaciones humanas (Barkin, 1998; Gray y Moseley, 2005).

El estado de BCS es un estado con limitada vocación productiva de bienes, empero los recursos naturales con que cuenta son variados, dada la particular ubicación geográfica del estado ha ayudado a que la riqueza natural sea de gran diversidad y además se encuentra, en gran parte, fuera de la destrucción antropogénica. Sus vocaciones naturales están relacionadas con actividades turísticas y de servicios; no obstante, existen regiones clave para otro tipo de actividades como lo es BM en la actividad pesquera.

Las áreas costera y terrestre del presente estudio, hacen uso de los recursos naturales a su alcance, el uso, manejo y preservación de los mismos es prácticamente por tradición y costumbre y de manera desorganizada, sin considerar la conservación de los mismos. La comparación del uso de los mismos nos permite fijar la atención en dos áreas para descubrir sus relaciones o estimar sus diferencias o semejanzas.

A continuación se presenta un panorama general y comparativo del uso de los diferentes recursos naturales de acuerdo a los siguientes rubros: flora, fauna y agua; diferenciado además dentro de dos categorías: actividad económica (toda aquella actividad de les produce una ganancia) y actividad social (toda actividad de convivio, recreación y vida diaria).

FLORA: Como resultado de las encuestas, en el área terrestre, se obtuvo un listado de 29 especies de flora que se utilizan en actividades económicas y sociales (ver Tabla XI), de las cuales 20 especies se utilizan en actividades económicas como corrales, sombras comederos y 19 especies en actividades sociales como cocinar, sombras, cercos, techumbres.

Tabla XI. Listado de flora usada por tipo de actividad, área terrestre.

Especie	Actividad económica	Actividad social
Palo zorrillo (*Cassia emarginata*)	X	X
Palo de arco (*Tecoma stans*)	X	X
Palo blanco (*Lysiloma candida*)		X
Palo chino (*Acacia peninsularis*)	X	X
Palo escopeta (*Albizzia occidentalis, A. sinaloensis*)		X
Palo amarillo (*Esenbeckia flava*)		X
Palo verde (*Cercidium floridum peninsulare*)		X
Palo colorado (*Colubrina viridis*)		X
Aguacate (*Styrex argenteus, Styrax gentryi*)	X	
Talayote bombo (*Metastelma californicum*)		X
Barcino		X
Encino bellotero (*Quercus brandegeei*)	X	
Cacachila (*Karwinskia humboldtiana*)	X	X
Ciruelo (*Cyrtocarpa edulis*)	X	
Durazno	X	
Encino (*Q. arizonica, Q. albocincta, Q. Laeta, Q. Rugosa, Q. devia, Q. reticulata y Q. tuberculata*)	X	X
Güerivo (*Populus brandegeei var. Glabra*)	X	X
Higo silvestre	X	
Limoncillo (*Zanthoxylum arborescens, Z. sonorense*)	X	
Mango	X	X
Mauto (*Lysiloma divaricata*)	X	X
Ocote (*Gochnatia arborescens*)	X	X
Palma real (*Washingtonia robusta*)	X	X
Papaya	X	
Zacate (*Aristida adscensionis adscensionis, A. decolorata, A. californica, A. glabrata, A. peninsularis, A. purpusiana, A. schiedeana y A. ternipes*)	X	
Pitaya (*Stenocereus gummosus, S. thurberi thurberi y S. thurberi littoralis*)		X
Toronja	X	
Cactáceas	X	
Brasil (*Haematoxylon brasiletto*)		X

Las especies de mayor uso son palo zorrillo (*Cassia emarginata*), palo de arco (*Tecoma stans*), palma real (*Washingtonia robusta*), mauto (*Lysioloma divaricata*), encino (*Q. arizonica, Q. albocincta, Q. Laeta, Q. Rugosa, Q. devia, Q. reticulata y Q. tuberculata*) y cacachila (*Karwinskia humboldtiana*).

En el área terrestre se utiliza un total de 7,985 kilos al mes de las diferentes especies de flora dentro de las actividades económicas (Tabla XII) y 11,240 kilos en actividades sociales (Tabla XIII).

Por otro lado, el uso de especies de flora en el área costera de estudio se reporta inexistente. Si recordamos que el área costera tiene un ecosistema seco-semidesértico, por lo consiguiente la flora local es escasa. De tal manera que no se puede hacer una comparación del uso de las especies de flora en ambas áreas de estudio.

FAUNA: En el área terrestre de estudio se encontró con un total de cinco especies de fauna usadas en actividades económicas y sociales de las cuales solo cuatro de ellas se comercializan (Tabla XIV). En el área costera se realizo un listado de 20 especies usadas dentro de la actividad pesquera y 17 de ellas incluidas en actividades sociales (Tabla XV).

La Tabla XVI muestra que la comunidad del área terrestre utiliza un total de 1,770 kilos mensuales de las diferentes especies de fauna dentro de las actividades económicas y sociales y 216,960 kilos mensuales de las diferentes especies en el área costera (Tabla XVII).

Las cinco especies de fauna mas aprovechadas en el área terrestre son bovino, porcino, aves, caprino y ovino; por su parte, en el área costera son curvina

(*Isopisthus remifer*), lisa (*Mugil cephalus*), camarón azul (*Litopenaeus stylirostris*) y camarón café (*Farfantepenaeus californiensis*), mantas voladora (*Manta birostris*), cubana (*Mobula thurstoni*), chica (*Mobula munkiana*), arpón (*Mobula japónica*) y cornuda (*Mobula tarapacana*) y guitarra (*Rhinobatos rhinobatos*) (Tabla XVIII).

Tabla XII. Cantidad de flora usada mensual en actividades económicas (Kg.), área terrestre.

Especie	Kilos al mes	%
Palo de arco (*Tecoma stans*)	1,380	17.28
Palo zorrillo (*Cassia emarginata*)	1,250	15.65
Palma real (*Washingtonia robusta*)	1,240	15.53
Zacate (*Aristida adscensionis adscensionis, A. decolorata, A. californica, A. glabrata, A. peninsularis, A. purpusiana, A. schiedeana y A. ternipes*)	1,200	15.03
Palo chino (*Acacia peninsularis*)	700	8.77
Güerivo (*Populus brandegeei var. Glabra*)	600	7.51
Encino (*Q. arizonica, Q. albocincta, Q. Laeta, Q. Rugosa, Q. devia, Q. reticulata y Q. tuberculata*)	600	7.51
Ocote (*Gochnatia arborescens*)	300	3.76
Mango	110	1.38
Mauto (*Lysiloma divaricata*)	100	1.25
Cacachila (*Karwinskia humboldtiana*)	100	1.25
Limoncillo (*Zanthoxylum arborescens, Z. sonorense*)	85	1.06
Ciruelo (*Cyrtocarpa edulis*)	70	0.88
Aguacate (*Styrex argenteus, Styrax gentryi*)	70	0.88
Cactáceas	50	0.63
Papaya	50	0.63
Higo silvestre	30	0.38
Encino bellotero (*Quercus brandegeei*)	20	0.25
Toronja	15	0.19
Durazno	15	0.19
TOTAL	7,985	100.00

Tabla XIII. Cantidad de flora usada mensual en actividades sociales (Kg.), área terrestre.

Especie	Kilos al mes	%
Palo zorrillo (*Cassia emarginata*)	2,190	19.48
Palo de arco (*Tecoma stans*)	1,820	16.19
Mauto (*Lysiloma divaricata*)	1,650	14.68
Palma real (*Washingtonia robusta*)	1,350	12.01
Cacachila (*Karwinskia humboldtiana*)	950	8.45
Encino (*Q. arizonica, Q. albocincta, Q. Laeta, Q. Rugosa, Q. devia, Q. reticulata y Q. tuberculata*)	850	7.56
Ocote (*Gochnatia arborescens*)	630	5.60
Palo verde (*Cercidium floridum peninsulare*)	300	2.67
Palo escopeta (*Albizzia occidentalis, A. sinaloensis*)	300	2.67
Palo blanco (*Lysiloma candida*)	200	1.78
Palo chino (*Acacia peninsularis*)	180	1.60
Brasil (*Haematoxylon brasiletto*)	150	1.33
Palo colorado (*Colubrina viridis*)	150	1.33
Güerivo (*Populus brandegeei var. Glabra*)	120	1.07
Mango	100	0.89
Talayote bombo (*Metastelma californicum*)	100	0.89
Palo amarillo (*Esenbeckia flava*)	100	0.89
Pitaya (*Stenocereus gummosus, S. thurberi thurberi y S. thurberi littoralis*)	50	0.44
Barcino	50	0.44
TOTAL	11,240	100.00

Tabla XIV. Listado de fauna usada por tipo de actividad, área terrestre.

Especie	Act. Economica	Act. Social
Bovino	X	X
Porcino	X	X
Aves		X
Caprino	X	X
Ovino	X	X

Tabla XV. Listado de fauna usada por tipo de actividad, área costera.

Especie	Act. Economica	Act. Social
Curvina (*Isopisthus remifer*)	X	X
Lisa (*Mugil cephalus*)	X	X
Camaron		
Azúl (*litopenaeus stylirostris*)	X	X
Café (*Farfantepenaeus californiensis*)		
Manta		
Voladora (*Manta birostris*)		
Cubana (*Mobula thurstoni*)	X	X
Chica (*Mobula munkiana*)		
Arpón (*Mobula japónica*)		
Cornuda (*Mobula tarapacana*)		
Guitarra (*Rhinobatos rhinobatos*)	X	X
Robalo (*Centropomus sp.*)	X	X
Sierra (*Pristis antiquorum*)	X	X
Jaiba café, guerrera, verde (*Callinectes bellicosus*)	X	X
Botete (*Sphoeroides annulatus*)	X	X
Ronchaco (*Sciaena fasciata*)	X	X
Mojarra (*Diplodus vulgaris*)	X	X
Pierna o blanco (*Caulolatilus princeps*)	X	X
Callo de hacha		
Hacha larga (*Pinna rugosa*)	X	X
Hacha china (*Atrina maura*)		
Lenguado (Citharichthys spilopterus)	X	X
Tiburon		
Zorro (*Acopias vulpinus, A. pelagicus*)		
Grillo (*Acopias superciliosus*)		
Tunero (*Carcharhinus falciformis*)		
Toro, chato (*Carcharhinus leucas*)		
Volador, puntas negras (*Carcharhinus limbatus*)		
Gambuso, prieto (*Carcharhinus obscurus*)		
Porosos (*Carcharhinus porosus*)	X	
Puntas blancas (*Carcharhinus longimanus*)		
Aleta de carton (*Carcharhinus plumbeus*)		
Espiniso (*Echinorhinus cookey*)		
Tintorera (*Galeocerdo cuvier*)		
Gata (*Ginglymostoma cirratum*)		
Mako (*Isurus oxyrinchus*)		
Caoyotito, punta blanca (*Nasolamia velox*)		
Azul (*Prionace glauca*)		
Sardina (*Sardina pilchardus*)	X	X
Cazon (*Galeorhinus galeus*)	X	
Verdillo (*Paralabrax nebulifer*)	X	
Pargo, prieto (*Lutjanus griseus*)	X	X
Jurel aleta amarilla (*Serioli lalandi*)	X	X

Tabla XVI. Cantidad de fauna usada mensual en actividades económicas y sociales (Kg.), área terrestre.

Especie	Kilos al mes	%
Bovino	905	51
Porcino	475	27
Aves	270	15
Caprino	60	3
Ovino	60	3
TOTAL	1,770	100

Se observa que en el área terrestre la mayor parte de la fauna usada es dentro de las actividades económicas (60.45%) y el resto actividades sociales o autoconsumo, a diferencia del área costera donde casi la totalidad de las especies de fauna usadas son capturadas en la pesca como actividad preponderante (99.71%) y el mínimo para actividades sociales o de autoconsumo (Tabla XIX).

Con los resultados anteriores se aprecia una de las diferencias que existen en ambas áreas ya que en el área terrestre la cantidad de fauna usada es mucho menor que en el área costera. En ambas áreas el recurso fauna lo aprovechan, en principio, con fines comerciales, pero la escases de bienes con la que viven y se enfrentan cotidianamente, hace que el aprovechamiento de ésta fauna también sea en actividades sociales.

En PCh las especies que se capturan en cada temporada son diferentes así como su valor comercial, lo que significa que en la temporada de captura de las especies con mayor valor (camarón y callo de hacha) reciben un ingreso mayor que en la temporada de captura de escama, lo que hace que su ingreso fluctúe durante el año.

Tabla XVII. Cantidad de fauna usada mensual en actividades económicas y sociales (Kg.), área costera.

Especie	Kilos al mes	%
Curvina (*Isopisthus remifer*)	62,099	28.62
Lisa (*Mugil cephalus*)	31,235	14.40
Camaron		
Azúl (*litopenaeus stylirostris*)	25,373	11.69
Café (*Farfantepenaeus californiensis*)		
Manta		
Voladora (*Manta birostris*)		
Cubana (*Mobula thurstoni*)		
Chica (*Mobula munkiana*)	18,665	8.60
Arpón (*Mobula japónica*)		
Cornuda (*Mobula tarapacana*)		
Guitarra (*Rhinobatos rhinobatos*)	16,507	7.61
Robalo (*Centropomus sp.*)	14,423	6.65
Sierra (*Pristis antiquorum*)	10,483	4.83
Jaiba café, guerrera, verde (*Callinectes bellicosus*)	10,220	4.71
Botete (*Sphoeroides annulatus*)	10,090	4.65
Ronchaco (*Sciaena fasciata*)	7,240	3.34
Mojarra (*Diplodus vulgaris*)	3,428	1.58
Pierna o blanco (*Caulolatilus princeps*)	2,079	0.96
Callo de hacha		
Hacha larga (*Pinna rugosa*)	1,550	0.71
Hacha china (*Atrina maura*)		
Lenguado (*Citharichthys spilopterus*)	1,508	0.70
Tiburon		
Zorro (*Acopias vulpinus, A. pelagicus*)		
Grillo (*Acopias superciliosus*)		
Tunero (*Carcharhinus falciformis*)		
Toro, chato (*Carcharhinus leucas*)		
Volador, puntas negras (*Carcharhinus limbatus*)		
Gambuso, prieto (*Carcharhinus obscurus*)		
Porosos (*Carcharhinus porosus*)		
Puntas blancas (*Carcharhinus longimanus*)	800	0.37
Aleta de carton (*Carcharhinus plumbeus*)		
Espiniso (*Echinorhinus cookey*)		
Tintorera (*Galeocerdo cuvier*)		
Gata (*Ginglymostoma cirratum*)		
Mako (*Isurus oxyrinchus*)		
Coyotito, punta blanca (*Nasolamia velox*)		
Azul (*Prionace glauca*)		
Sardina (*Sardina pilchardus*)	403	0.19
Cazon (*Galeorhinus galeus*)	300	0.14
Verdillo (*Paralabrax nebulifer*)	300	0.14
Pargo, prieto (*Lutjanus griseus*)	204	0.09
Jurel aleta amarilla (*Serioli lalandi*)	53	0.02
TOTAL	216,960	100.00

Tabla XVIII. Especies de fauna más utilizadas y sus cantidades en ambas áreas de estudio (Kg.)

ÁREA TERRESTRE			ÁREA COSTERA		
Especie	Kilos al mes	%	Especie	Kilos al mes	%
Bovino	905	51	Curvina (*Isopisthus remifer*)	62,099	29
Porcino	475	27	Lisa (*Mugil cephalus*)	31,235	14
			Camaron		
Aves	270	15	Azul (*litopenaeus stylirostris*)	25,373	12
			Café (*Farfantepenaeus californiensis*)		
			Manta		
			Voladora (*Manta birostris*)		
			Cubana (*Mobula thurstoni*)		
Caprino	60	3	Chica (*Mobula munkiana*)	18,665	9
			Arpón (*Mobula japónica*)		
			Cornuda (*Mobula tarapacana*)		
Ovino	60	3	Guitarra (*Rhinobatos rhinobatos*)	16,507	8
TOTAL	1,770	100	TOTAL	153,879	71

Tabla XIX. Comparación del uso de fauna en ambas áreas de estudio por tipo de actividad.

Tipo de actividad	ÁREA TERRESTRE		ÁREA COSTERA	
	Kilos al mes	%	Kilos al mes	%
Económica	1,070	60.45	216,340	99.71
Social	700	39.55	620	0.29
TOTAL	1,770	100.00	216,960	100.00

AGUA: En el área terrestre la obtención del agua es por medio de tres tipos de fuentes; el arroyo San Jorge, la cual obtienen a gravedad o usando una bomba de energía solar; el pozo (en el área de la ranchería SJ) donde se cobra una cuota mensual de $60.00 por casa y finalmente por medio de la cañada, la cual llevan hasta las viviendas por medio del acarreo. En esta área la obtención del agua para las comunidades humanas es prácticamente de una manera sencilla y económica ya que los asentamientos humanos se encuentran a la orilla del arroyo o cerca del pozo o cañada. Sin embargo, en el área costera la situación es muy diferente, los asentamientos humanos obtienen el agua dulce por dos tipos de fuentes, la desaladora (administrada por SAPA del municipio de La Paz), la cual comercializa el tambo de 200 litros en $15.00 y por medio del arroyo Santa Rita relativamente cercano a la comunidad asentada en PCh, la cual se ofrece en $25.00 la barrica de 200 litros.

Existe gran diferencia entre el uso de agua de un área a otra, en el área terrestre, donde el agua es de fácil acceso y bajo costo, el recurso agua es usado en actividades económicas y sociales (en mayor porcentaje); por su parte el área costera, donde el acceso al agua es de difícil acceso y de alto costo, el recurso agua es usado solamente en actividades sociales (Tabla XX) donde además el agua es reciclada. Se evidencia la diferencia en el acceso al recurso agua en las áreas de estudio además de las diferentes condiciones de su uso.

Tabla XX. Comparación del uso del recurso agua en ambas áreas de estudio por tipo de actividad.

Tipo de actividad	ÁREA TERRESTRE		ÁREA COSTERA	
	Litros al mes	%	Litros al mes	%
Económica	23,000	30	0	0
Social	53,000	70	54,200	100
TOTAL	76,000	100	54,200	100

V. IV. APLICACIÓN DE LAS CINCO FASES DE LA MEEDLS

La iniciativa de la metodología pretende lograr planteamientos prácticos teniendo como alcance el estímulo de cambios fundamentales en todo lo relacionado con la sociedad y medio ambiente, dado que las personas dependen del medio ambiente para el sustento de la vida y sus estrategias de supervivencia son afectadas por la utilización de los recursos.

Los resultados de la aplicación de las cinco fases para el desarrollo local sustentable en las que a áreas de estudio de describen a continuación:

V. IV. I. DIAGNÓSTICO

En esta parte se hizo un breve resumen ya que en la parte de la descripción del área de estudio y caracterizaciones se observaron los aspectos socioeconómicos y de los recursos naturales.

El área terrestre de estudio (SJ-SD) se encuentra localizada dentro de un área natural protegida. El recurso natural con mayor potencial en la zona es el agua, seguida de la flora y fauna endémicas, el agua es aprovechada por los habitantes de la localidad para uso doméstico y en menor medida para sus actividades económicas. Por su parte, el área costera de estudio (PCh) se encuentra localizada dentro de una zona de pesca de gran importancia para el estado de BCS, conocida como BM. En ambas áreas los recursos naturales que rodean las comunidades humanas son los que ayudan a que las personas tengan una actividad económica preponderante y son causa del origen poblacional. Ambas son comunidades de baja densidad poblacional, donde la relación hombre mujer es de 1.10 en promedio,

En general el 60% de su población está en edad productiva – reproductiva, tienen muy bajo porcentaje de población analfabeta (7%), en promedio el 44% de la población de ambas localidades carecen de servicios de salud, sus viviendas son modestas, con pocas habitaciones, la gran mayoría de las viviendas carecen de sanitario interno con drenaje, la mayoría usa la letrina, alrededor del 50% de las viviendas hace uso de la energía solar.

En el área costera arriba de la mitad de las viviendas tienen piso de tierra y no disponen de bienes (refrigerador, computadora, televisor, lavadora radio). El 100 de la población de ambas áreas de estudio tienen acceso al recurso agua, pero de diferente forma y costo.

En el área terrestre el 80% de la PEA se dedica a la ganadería-jornalería y en el área costera el 95% a la pesca. En ambos casos la moda del ingreso familiar es de $5,000.00 pesos mensuales.

En el área terrestre los estudiantes se trasladan a la comunidad de Santiago para asistir a la escuela hasta el grado de preparatoria, en el área costera existen jardín de niños, primaria y tele-secundaria dentro de la misma comunidad, solo que el ausentismo de los maestros que vienen de Santa Rita y se tienen que trasladar por sus propios medios hasta PCh, hace que el nivel educativo no sea el esperado por la SEP[9].

[9] Secretaría de Educación Pública

Los recursos naturales en el área terrestre son agua, flora y fauna; parte de la comunidad se localiza a un costado del arroyo San Dionisio. La flora regional es usada en mayor medida para actividades sociales en comparación con las actividades económicas. La práctica de la ganadería como actividad económica, es aprovechada, en menor medida, para actividades sociales.

En la parte costera, el agua se encuentra al alcance de toda la población pero, se paga un precio alto lo que hace que se limiten en su consumo. El recurso flora no es usado en ningún sentido, ya que es una zona desértica. El recurso faunístico es utilizado con las especies pesqueras de la zona y es aprovechado por el 100% de la población ahí asentada; en ese sentido, el valor económico derivado de la actividad económica preponderante en el área costera es mayor al del área terrestre, por lo tanto, tienen acceso a un mayor ingreso económico por familia aunque el ambiente físico del paisaje y alrededores no es agradable, ni brinda bienestar a la familia, sin embargo, el área terrestre cuenta con un ambiente físico y paisajístico agradable, pero la actividad ganadera no brinda el bienestar económico necesario para aumentar la calidad de vida de la familia.

En ambas áreas de estudio carecen de infraestructura, sin embargo el área terrestre, al pertenecer a un área natural protegida se encuentra dentro de un programa de trabajo apoyado por la propia oficina de la REBISLA, además del apoyo de la CONANP-SEMARNAT.

V. IV. II. IDENTIFICACIÓN DE VOCACIONES NATURALES Y SOCIO CULTURALES

Con la matriz de potencialidades, limitaciones y problemas (Tabla XXI) se dedujeron las vocaciones de la localidad, entendiendo por potencialidades los factores humanos, tecnológicos, económicos, financieros, socioculturales y otros; y por limitaciones los factores y situaciones que obstaculizan o impiden el desarrollo de las potencialidades (Silva, 2003a).

De acuerdo con la matriz, se definieron tres vocaciones para la parte terrestre: ecoturismo, fruticultura y la actividad ganadera semi-intensiva; si bien, la ganadería no es una vocación natural, es una actividad cultural arraigada. Se puede decir que la identidad local de SJ-SD, dado que está dentro de un área natural protegida, está dada por los recursos naturales en la zona, por lo que estos recursos deben ser los propulsores para el desarrollo local, de manera sustentable y organizada apoyando así al programa de manejo existente.

Por otro lado, la matriz del área costera (Tabla XXII) nos muestra que los asentamientos humanos en la zona son exclusivamente para el uso de los recursos pesqueros, la cual es la vocación natural y cultural sin duda alguna de PCh. Adicionalmente se puede observar, dadas las necesidades sociales de la zona, que algunas de las actividades económicas que se pueden complementar con la actividad pesquera, sería una procesadora de alimentos pesqueros y el funcionamiento de una hielera.

Se puede aprovechar la mano de obra femenina así como de jóvenes de medio tiempo. Son actividades de capacitación rápida y no se necesita tener un alto grado escolar para poder desarrollarlas, de eso modo se apoyaría al ingreso familiar. También es necesario aumentar la infraestructura del lugar, llámese caminos, escuelas y servicios públicos municipales.

Tabla XXI. Matriz de Potencialidades, Limitaciones y Problemas, área terrestre.

Área temática	Potencialidades	Limitaciones	Problemas
Área económica	Ecoturismo existente. Arraigo de actividad ganadera. Actividad frutícola existente. Aceptación de organización de productores ganaderos y frutícolas. Disposición a trabajar en actividades sustentables con uso de RN renovables.	Escasa infraestructura de fomento a la producción. Falta de apoyo para el desarrollo turístico. Falta de cultura agrícola y frutícola para comercialización. Nula organización de productores. Escasa cultura asociativa. Nula tecnología. Nula capacitación para comercialización. Escasa planeación ecoturística.	La fruta regional no se comercializa de manera organizada y de forma permanente. Comercialización del ganado a bajos precios. Poca aceptación de practicar ganadería semi-intensiva. El ecoturismo se practica de manera desorganizada y no es incluyente con toda la comunidad. Al no haber tecnología el producto ganadero no se puede trasformar a producto con valor agregado.
Sistema físico - natural	Ubicación estratégica para el tránsito ecoturístico. Ubicación cercana a Santiago que facilita la comercialización productiva. Recurso agua disponible para cualquier actividad.	Caminos en mal estado. Ausencia de planificación permanente para manutención de caminos transitables. La ganadería extensiva tradicional degrada la cubierta vegetal.	Riesgos de inaccesibilidad en la época de lluvias y ciclones. Riesgo de pérdida de la producción en época de ciclones. Poca aceptación de cultivo de forraje ganadero como instrumento de ayuda.
Demografía y mercado de trabajo	La población que se dedica a alguna actividad económica es en su totalidad del género masculino, de entre los 20 y 64 años de edad. Mercado de trabajo apto para actividades propias de una ANP.	Falta de interés por los jóvenes de mantenerse dentro de la localidad ya que no tienen buenos incentivos económicos y falta el trabajo permanente. Baja capacitación de mano de obra para sector terciario.	Escasas oportunidades de empleo en la localidad. Bajos ingresos en actividades locales, por lo tanto emigración en busca de mejores oportunidades. Trabajos de empleo temporal.
Infraestructura	Servicio de electricidad en San Jorge; San Dionisio cuenta con celdas solares. En San Jorge, la mayoría de la población se concentra en una ranchería. Cuenta con áreas comunes. San Jorge cuenta con red de agua de pozo en todas las viviendas y San Dionisio con agua del arroyo.	Las telecomunicaciones son escasas. Escasez de escuelas dignas. No existen caminos en buen estado. No existe un centro de salud ni farmacias a su alcance.	Bajo poder de comunicación. Bajo nivel educativo de la población. Traslado obligatorio a la comunidad de Santiago de personas enfermas.
Aspectos institucionales	Existencia de proyectos productivos por parte de la dirección de la REBISLA, así como apoyo a actividades productivas sustentables.	Apatía de apropiación de los proyectos apoyados por la dirección de la REBISLA.	Bajo nivel de coordinación interinstitucional.

V. IV. III. DEFINICIÓN DE OBJETIVOS ESTRATÉGICOS Y ESPECÍFICOS

La estrategia de desarrollo local sustentable contiene los objetivos a los que se desea llegar determinando las líneas de acción para poder llegar a dichos objetivos, para lo cual se partió del potencial económico local, el cual a su vez será promotor de iniciativas relacionadas con proyectos de educación, vivienda y salud.

También los objetivos principales en el proceso de desarrollo se basaron en la creación de puestos de trabajo para la población en la zona; reducción de desempleo; aumento de la calidad de vida de la población; diversificación de la economía; mejora de infraestructura y conservación del medio ambiente y los recursos naturales.

Procuradas las consideraciones anteriores se realizó el *árbol de problemas (causas y efectos)* y dada la identificación de los objetivos bajo el modelo de DS, el *árbol de problemas* se usó para el análisis e identificación de alternativas de solución.

En ambas áreas de estudio, padecen un sin fin de carencias socioeconómicas, institucionales y de servicios; en nuestra observación se detectaron algunos problemas principales, en el área terrestre: emigración, bajos niveles de ingreso real, falta de infraestructura, mano de obra no capacitada para otras actividades que no sean las tradicionales, falta de vías de comunicación, falta de servicios de salud, educación y vivienda, falta de organización productiva, entre otras. Por su parte el área costera enumera los siguientes problemas: falta de infraestructura, falta de servicios de salud, educación y vivienda, clima seco-semidesértico, falta de organización productiva, monopolio con su comercializador (una sola cooperativa pesquera) y falta de integración de la mujer en proyectos productivos.

Tabla XXII. Matriz de Potencialidades, Limitaciones y Problemas, área costera.

Área temática	Potencialidades	Limitaciones	Problemas
Área económica	Actividad pesquera existente. Gran número de especies marinas a su alcance. Población asentada desde hace más de 50 años dedicados a la pesca.	Escasa infraestructura de fomento a la producción y transformación de producto pesquero. Comercialización del producto pesquero a bajos precios. El producto se comercializa solo a una cooperativa la cual impone el precio. Falta de apoyo para el desarrollo económico comunitario.	No se puede obtener un valor económico agregado del producto ya que no se transforma. Monopolio del mercado. El precio del producto esta en manos de terceros.
Sistema físico - natural	Ubicación estratégica para la actividad pesquera. Ubicación cercana a Santa Rita que facilita la comercialización productiva. Recurso pesquero disponible.	Caminos en mal estado. Ausencia de planificación permanente para manutención de caminos transitables. El clima desértico limita otro tipo de actividad económica y social	Riesgos de inaccesibilidad en la época de lluvias y ciclones. Riesgo de pérdida de la producción en época de ciclones.
Demografía y mercado de trabajo	La población que se dedica a la pesca es en su totalidad del género masculino, de entre los 15 y 65 años de edad. Mercado de trabajo latente para mujeres organizadas.	La cultura machista del lugar limita a las mujeres a desarrollarse en actividades económicas. Baja capacitación de mano de obra para actividad de sector terciario.	Escasas oportunidades de empleo en actividades diferentes a la pesca dentro de la localidad.
Infraestructura	Cuenta con una planta desaladora. Las viviendas tienen energía solar. Cuenta con áreas comunes. Tiene iglesia. Tiene Centro de salud. Tiene un edifico abandonado que puede adaptarse para cualquier actividad económica y social.	Las telecomunicaciones son escasas. Escasez de escuelas dignas. No existen caminos en buen estado.	Bajo poder de comunicación. Bajo nivel educativo de la población.
Aspectos institucionales	Una parte de la oficina del subdelegado la presta para las campañas de salud que son cada miércoles.	Solo existe la oficina del subdelegado de PCh, la cual no ofrece ningún servicio, sólo recibe quejas y sugerencias de la población pero no resuelve ningún problema,	El subdelegado al no estar involucrado con la población limita la confianza entre autoridades locales y población.

En ambas áreas de estudio, tras el trabajo comunitario se obtuvo el mismo problema central "Desorganización productiva y pobreza".

En ambos casos al aminorarse el problema, se obtendrá como resultado una mayor calidad de vida de la población, lo cual ayuda a sentar las bases para un

DS, el cual, busca que la población que hace uso de los recursos naturales tenga mayor calidad de vida para que de esa forma se cuide el medio ambiente y los recursos naturales que rodean a los asentamientos humanos, creando así un circulo virtuoso.

Análisis del problema: árbol de causas y efectos.

Una vez identificado el problema central, se refirieron todas las causas posibles que están originando el problema, tratando de llegar a las causales primarias donde las últimas causales del encadenamiento, a medida que se resuelvan, podrían estar contribuyendo a superar positivamente la condición negativa. Para los efectos, se analizó la trascendencia que tiene el problema no resuelto.

De acuerdo al árbol de causas y efectos, se presenta en resumen el problema analizado el cual nos ayuda a ordenar el camino a seguir para el desarrollo de alternativas de solución que se puedan proponer, observando hacia arriba del gráfico sus efectos y hacia abajo las causas de la problemática. Para el área terrestre de estudio (Figura 5) el problema de pobreza y desorganización productiva nos lleva a una falta de desarrollo, ingresos bajos y baja calidad de vida; asimismo, para el área costera de estudio (Figura 6), el problema central nos da como resultado la falta de desarrollo y baja calidad de vida, por lo que el análisis de objetivos en ambos casos se desplegaron hacia el efecto que atañe a cada problemática.

Análisis de objetivos: árbol de medios y fines

El árbol de medios y fines procura una descripción de la situación esperada, es decir, la imagen objetivo, lo que se puede alcanzar cuando se solucione el problema central que se ha detectado (Figura 7 y Figura 8). Al identificar las posibles alternativas de solución se contribuye a superar esta situación, esto se logra cambiando todos los problemas a condiciones positivas que sean deseadas y viables de ser alcanzadas (las causas serán los medios y los efectos serán los fines).

En el árbol de objetivos, el que era el problema central, ahora se transforma en el gran objetivo de planificación.

Se analizaron los medios para la resolución del problema donde encontramos que algunos de ellos no son relevantes o que faltan otros que sí lo son, para lo cual tomamos en cuenta las siguientes consideraciones recomendadas por Silva:

- algunos de los medios pueden ser complementarios y otros excluyentes entre sí,
- algunas de estas acciones están en el ámbito de nuestra gobernabilidad y otras son acciones que deben emprender otros organismos públicos a los que se les podrá hacer la sugerencia de implementarlas,
- de estos medios será necesario identificar las alternativas de proyectos que se pueden deducir.

Definición de los objetivos

Se realizó la lógica de intervención para alcanzar los objetivos generales. Está muy asociada a la estrategia y son un conjunto de etapas que se realizaron y pueden entenderse de la siguiente manera (Silva, 2003a):

- Gracias a los medios, pueden emprenderse las actividades.
- Gracias a las actividades, se alcanzan los resultados.
- Por medio de los resultados, se pueden realizar el objetivo específico.
- A través del objetivo específico se contribuye a los objetivos generales.

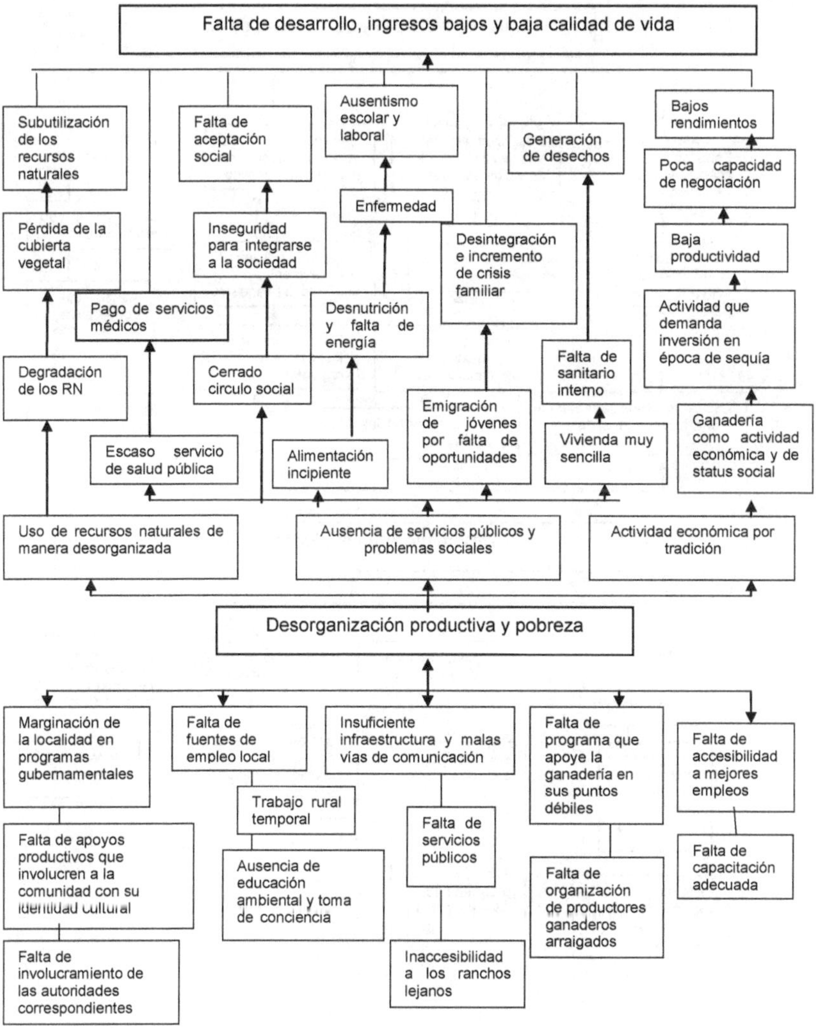

Figura 5. Árbol de causas y efectos, área terrestre

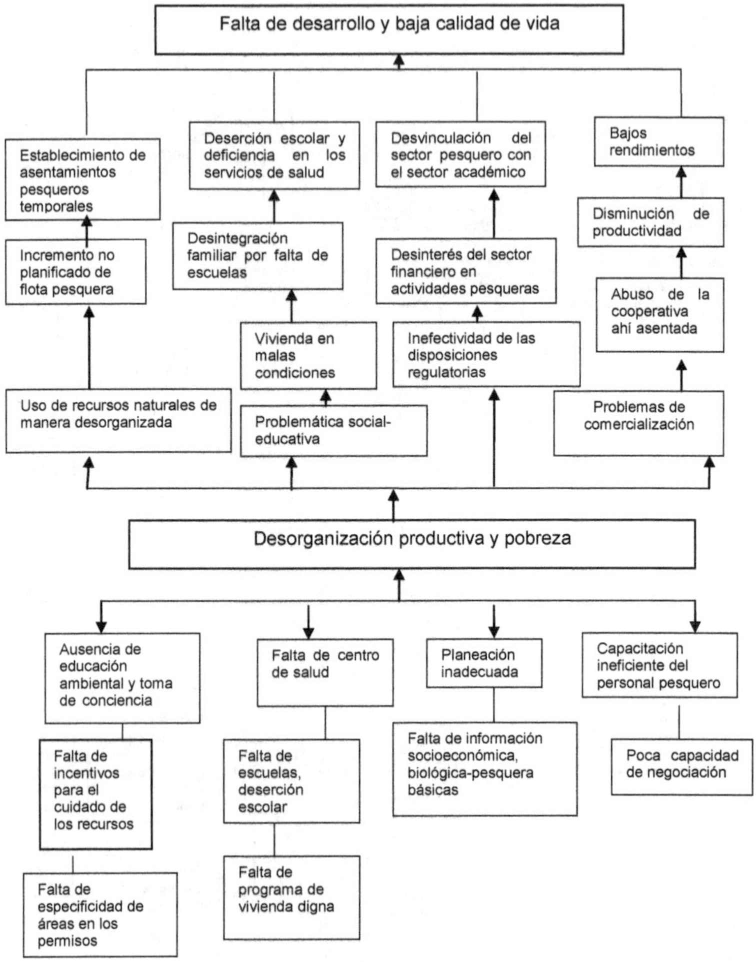

Figura 6. Árbol de causas y efectos, área costera

Con la identificación de los objetivos de la propuesta, provenientes del árbol de medios y fines elaborado, se dio paso a la asignación de objetivos (Figura 9 y Figura 10).

Los resultados son los medios que conducen a alcanzar el objetivo específico, las actividades que se identifican son aquellas que, según la lógica de medios y fines, conducen a la realización de los resultados.

Para el caso de las áreas de estudio, se obtuvieron una serie de resultados y actividades, que no necesariamente todas son viables, son deseables para el desarrollo y reducción de la pobreza de las localidades, pero en la matriz de objetivos y estrategias de desarrollo se tomarán en cuenta dos o tres actividades y resultados deseables, que se consideran más viables, que tengan que ver con las vocaciones y potencialidades de las áreas de estudio y con los intereses de la población; además se tomaron en cuenta algunas estrategias complementarias para apoyar el desarrollo social específicamente de vivienda, educación y salud.

Con la asignación de objetivos se identifica lo que se tiene que hacer y cómo hacerlo, es una etapa que ayuda a preparar la estrategia a seguir.

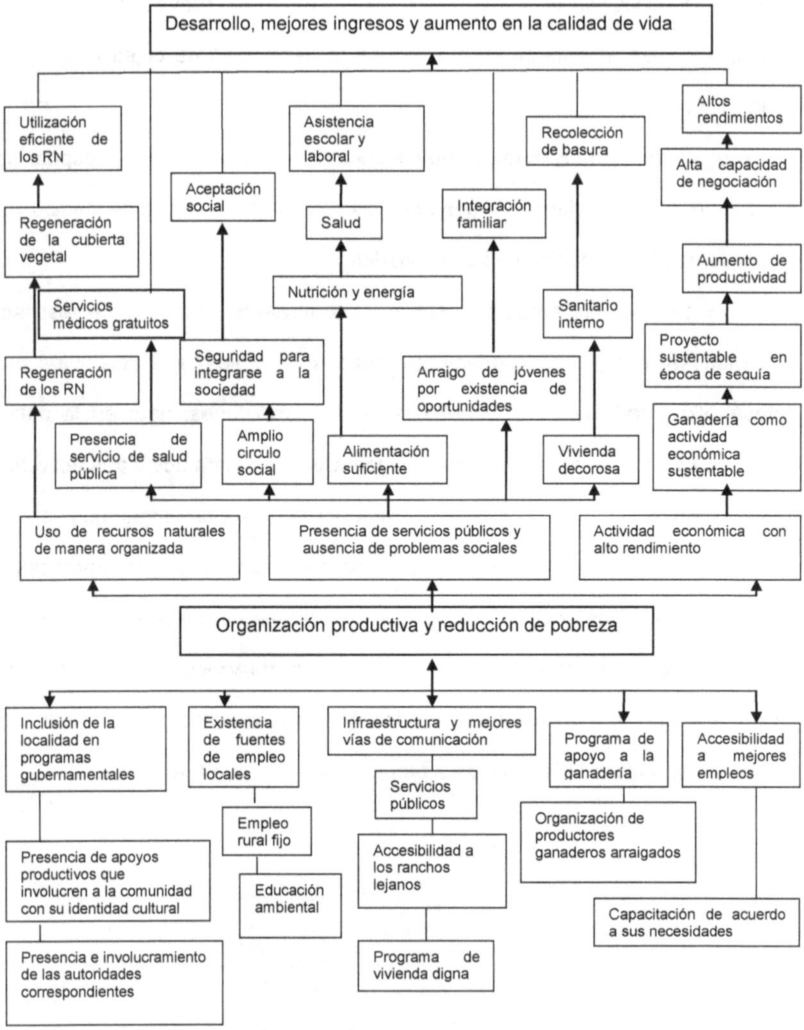

Figura 7. Árbol de medios y fines, área terrestre

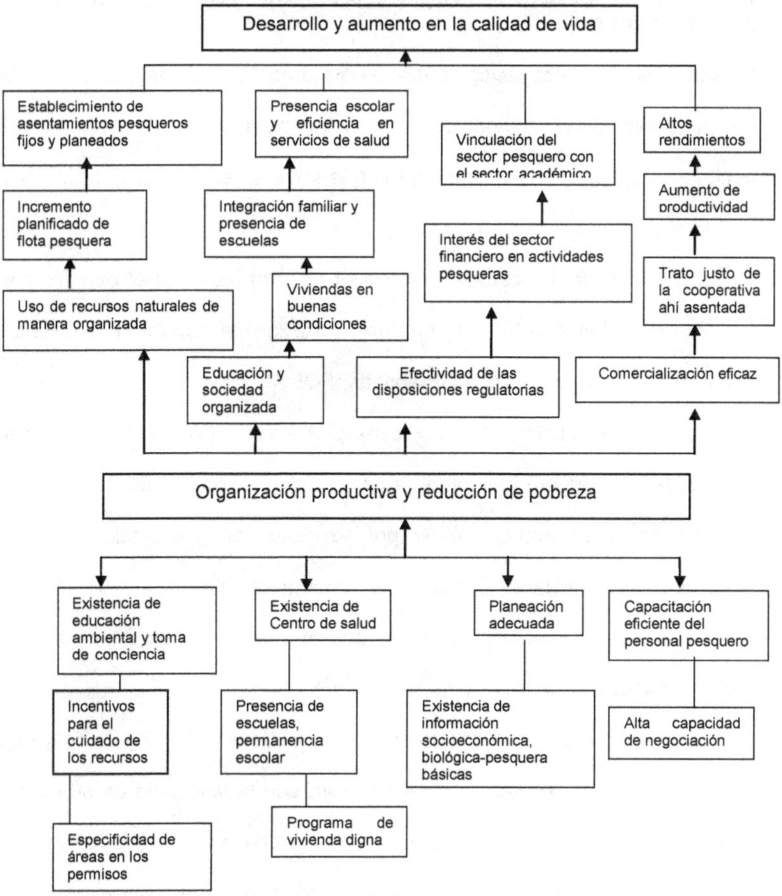

Figura 8. Árbol de medios y fines, área costera

V. IV. IV. DEFINICIÓN DE ESTRATEGIA DE DESARROLLO LOCAL SUSTENTABLE

La definición de la estrategia consistió básicamente en decidir las líneas de acción y de intervención necesarias para lograr las metas o resultados propuestos. Las acciones incidieron sobre los factores que impiden el desarrollo o que causan los problemas.

La formulación de las estrategias nos sirvió para alcanzar el objetivo planteado, por lo que Silva (2003a) propone realizar el ejercicio tipo Fortalezas, Oportunidades, Debilidades y Amenazas (FODA).

Se trata es de alcanzar los objetivos planteados, por lo que las fortalezas y debilidades (internas) se analizaron sobre la base de potencialidades y limitaciones vistas anteriormente, por su parte, las oportunidades y amenazas (externas) se analizaron tomando en cuenta la información de los planes de desarrollo local, municipales, sectoriales, institucionales, etcétera, y las características del contexto local regional.

Con base en el análisis FODA de ambas áreas de estudio (Figura 11 y Figura 12), se elaboraron las estrategias a seguir analizado la viabilidad de su ejecución; se obtuvo como resultado la consolidación de los objetivos planteados y culminó con una serie de propuestas de actividades productivas que coadyuven al DS de las áreas de estudio, que están enfocadas al abatimiento y/o reducción de los problemas detectados.

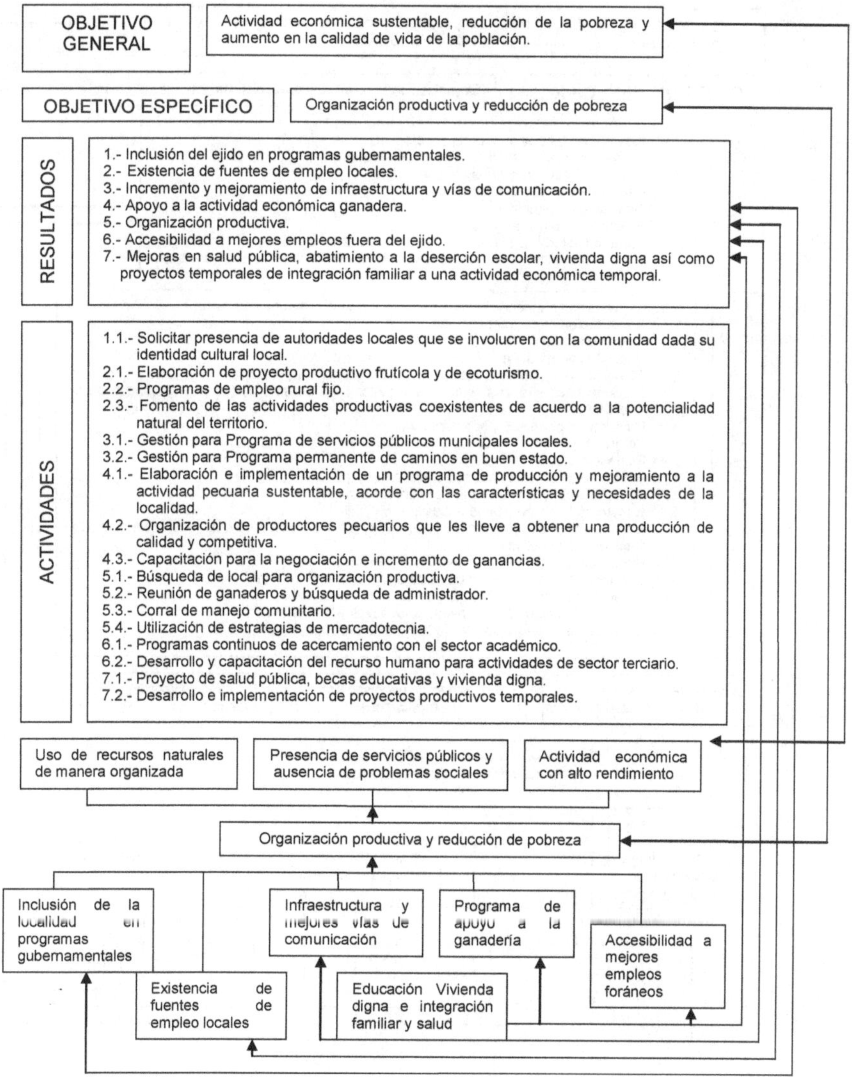

Figura 9. Asignación de objetivos, área terrestre

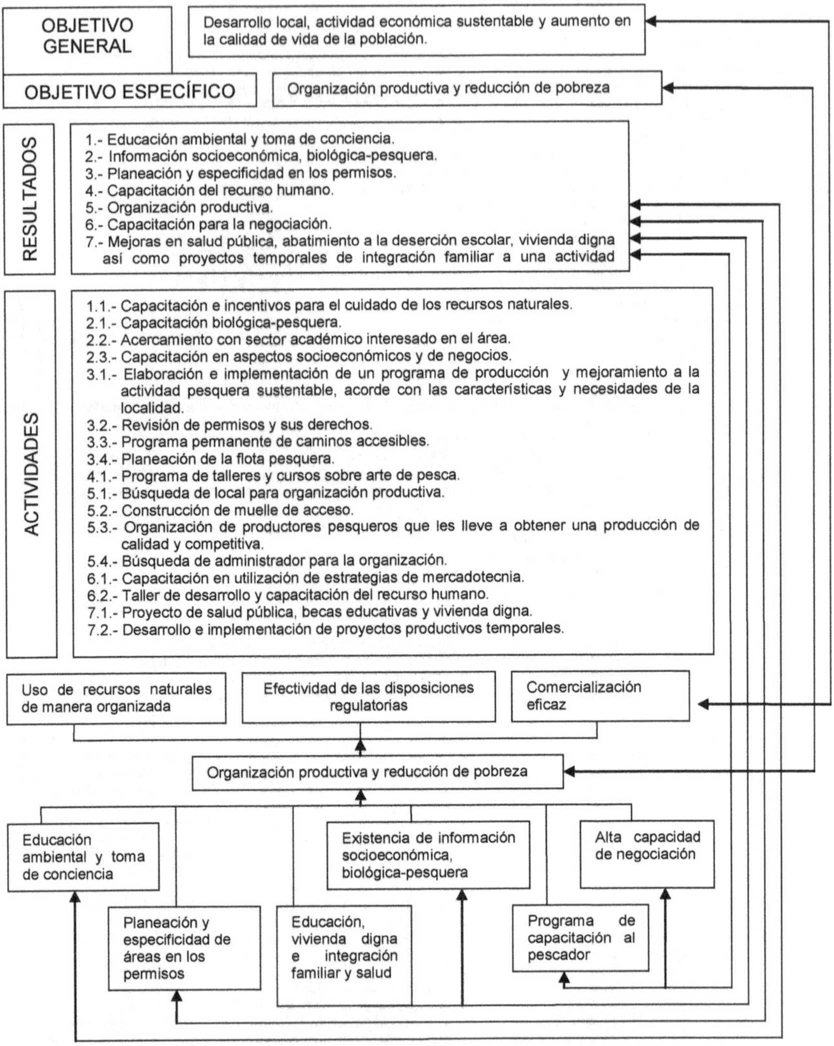

Figura 10. Asignación de objetivos, área costera

Las estrategias formuladas en la propuesta de actividades productivas para el DS procuraron los siguientes puntos:

- Aprovechar las oportunidades y las fortalezas;
- Superar las debilidades aprovechando las oportunidades;
- Superar las amenazas aprovechando las fortalezas, y
- Neutralizar las amenazas.

Los resultados del análisis FODA realizado en las áreas de estudio se examinan en el siguiente apartado dentro de la matriz de objetivos y estrategias, asimismo las actividades productivas recomendadas para el desarrollo de las áreas terrestre y costera, donde se culmina con la fase cinco de la metodología.

OBJETIVO	FORTALEZAS (internas)	DEBILIDADES (internas)
Organización productiva y reducción de pobreza	1.- Las actividades primarias dependen del trabajo familiar arraigado. 2.- Ubicación cercana a Santiago. 3.- Disponibilidad del recurso agua. 4.- Mano de obra masculina disponible. 5.- Apoyo de las oficinas de la dirección de la REBISLA. 6.- Identidad local. 7.- Diversidad faunística y florística. 8.- Recursos naturales disponibles para actividades sustentables y características ambientales de alta calidad ecológica.	1.- Actividad ganadera arraigada. 2.- Ausencia de organización ganadera. 3.- Agotamiento de recursos naturales por sobrecarga ganadera. 4.- Bajos precios del ganado y otros recursos naturales del lugar. 5.- Falta de cultura agrícola y frutícola con fines de comercialización organizada. 6.- Falta de infraestructura y vías de comunicación. 7.- Emigración de jóvenes. 8.- Actividad ecoturística no organizada.
OPORTUNIDADES (externas)	POTENCIALIDADES	DESAFIOS
1.- Afinidad con el Plan de desarrollo 2006-2011 del Gobierno del estado de B. C. S. 2.- Apoyo de las oficinas de la Dirección de la REBISLA y de SEMARNAT-CONANP para financiamiento en proyectos productivos. 3.- Se puede trabajar en apego al Artículo 4 de la Ley de Desarrollo Rural Sustentable. 4.- El crecimiento turístico de Los Cabos trae consigo al turismo ecológico potencial para la REBISLA.	1.- Disposición de la dirección de la REBISLA para coadyuvar en acciones para la búsqueda de programas gubernamentales en apoyo al desarrollo socioeconómico de la localidad. 2.- Mano de obra masculina disponible. 3.- Interés de las autoridades en realizar mejoras a la infraestructura que tenga que ver con la actividad ganadera, aprovechando el servicio eléctrico. 4.- Interés por la organización de producción ganadera, así como a productos derivados. 5.- Interés por la organización de producción frutícola. 6.- Interés en promover un programa de capacitación administrativa y de mercadotecnia en apoyo a las actividades comerciales.	1.- Luchar contra la costumbre del paternalismo del gobierno estatal hacia los ganaderos. 2.- Entrar a la dinámica de una organización donde todos llevan responsabilidades conjuntas y de equipo para el mejoramiento de la actividad. 3.- Aceptación del forraje hidropónico como opción de alimentación ganadera. 4.- Crear una conciencia de organización y de trabajo conjunto para la producción de derivados de la fruta. 5.- Trabajar en conjunto con personas de Santiago para la comercialización de fruta y producto ganadero. 6.- Organización para servicio ecoturístico.
AMENAZAS (externas)	RIESGOS	LIMITACIONES
1.- Aislamiento geográfico en épocas de ciclones. 2.- Alta incidencia de fenómenos naturales. 3.- Falta de involucramiento de autoridades municipales y estatales para el DS de la localidad. 4.- Falta de instrumentos de planeación acordes al desarrollo de la localidad. 5.- Presión del mercado pecuario estatal con producción de alta calidad.	1.- Riesgos de inaccesibilidad en la época de lluvias y ciclones. 2.- Riesgo de pérdida de la producción (ganadera y frutícola) en época de ciclones. 3.- Competencia de precios de otras organizaciones ganaderas y frutícolas.	1.- Baja cultura asociativa. 2.- Caminos en mal estado. 3.- Emigración de jóvenes. 4.- Bajo nivel de coordinación institucional. 5.- Baja aceptación de cultivo de forraje ganadero como instrumento de ayuda.

Figura 11. Matriz FODA, área terrestre

OBJETIVO	FORTALEZAS (internas)	DEBILIDADES (internas)
Organización productiva y reducción de pobreza	1.- La actividad pesquera depende del trabajo familiar. 2.- Ubicación cercana a Santa Rita. 3.- Mano de obra masculina disponible. 4.- Identidad local. 5.- Diversidad del recurso pesquero. 6.- Entrega del producto dentro de la localidad (Cooperativa). 7.- Existencia de embarcaciones aptas para la actividad. 8.- Potencialidad de organización para ecoturismo temporal.	1.- Falta del recurso agua. 2.- Ausencia de organización pesquera. 3.- Existencia de solo una Cooperativa con quien comercializan todo su producto (monopolio). 4.- Bajos precios del recurso pesquero. 5.- Falta de infraestructura y vías de comunicación. 7.- Emigración de jóvenes. 8.- Ausencia de servicio de electricidad. 9.- Falta de muelle. 10.- Apatía hacia las autoridades.
OPORTUNIDADES (externas)	POTENCIALIDADES	DESAFIOS
1.- Afinidad con el Plan de desarrollo 2006-2011 del Gobierno del estado de B. C. S. 2.- Se puede trabajar con apoyo de turismo del estado para paseos en lancha en época de avistamiento de ballenas. 3.- El crecimiento turístico de Los Cabos trae consigo al turismo ecológico potencial para localidades costeras.	1.- Coadyuvar acciones con el municipio de La Paz para la búsqueda de programas gubernamentales en apoyo al desarrollo socioeconómico de la localidad. 2.- Mano de obra masculina disponible. 3.- Existencia de infraestructura relacionada con la actividad pesquera. 4.- Interés por la organización de producción pesquera, así como a servicios potenciales en zona costera. 5.- Interés en promover un programa de capacitación administrativa y de mercadotecnia en apoyo a las actividades comerciales, sobre todo con la pesca.	1.- Luchar contra la costumbre del paternalismo del gobierno estatal hacia los pescadores. 2.- Entrar a la dinámica de una organización donde todos llevan responsabilidades conjuntas y de equipo para el mejoramiento de la actividad. 3.- Crear una conciencia de organización y de trabajo conjunto para brindar servicios ecoturísticos. 4.- Trabajar en conjunto con personas de Santa Rita para la comercialización del producto pesquero.
AMENAZAS (externas)	RIESGOS	LIMITACIONES
1.- Aislamiento geográfico en épocas de ciclones. 2.- Alta incidencia de fenómenos naturales. 3.- Falta de involucramiento de autoridades municipales y estatales para el DS de la localidad. 4.- Falta de instrumentos de planeación acordes al desarrollo de la localidad. 5.- Presión del mercado pesquero estatal con producción de alta calidad.	1.- Riesgos de inaccesibilidad en la época de lluvias y ciclones. 2.- Riesgo de baja productividad y disponibilidad de producto pesquero en época de ciclones. 3.- Competencia de precios de otras organizaciones pesqueras.	1.- Baja cultura asociativa. 2.- Caminos en mal estado. 3.- Emigración de jóvenes. 4.- Bajo nivel de coordinación institucional. 5.- Falta de confianza en cambio o complementación en actividad ecoturística.

Figura 12. Matriz FODA, área costera

V. IV. V. RECOMENDACIÓN DE ACCIONES ESPECÍFICAS PARA EL DESARROLLO SUSTENTABLE

La estrategia a seguir se adopto como un conjunto de acciones que se llevan a cabo para alcanzar un objetivo, por lo tanto la recomendación para el DS se basó en una serie de acciones determinadas que identifican los principales medios que permiten construir un mejor resultado. Se abordó en forma de actividades productivas recomendables que permiten alcanzar los objetivos en función de las vocaciones detectadas.

De acuerdo con las vocaciones y potencialidades de las áreas terrestre y costera las actividades recomendadas están basadas en la matriz de objetivos y estrategias proveniente del análisis FODA, del árbol de medios y fines y de la asignación de objetivos; cabe recordar que algunas alternativas pueden ser excluyentes y otras complementarias. En el caso del área terrestre, como se trata de un área natural protegida, se revisaron las actividades humanas permitidas dentro de las subzonas de asentamientos humanos referidas en el programa de manejo (SEMARNAT, 2003).

Según Silva (2003b), las condiciones necesarias para impulsar procesos de desarrollo local deben satisfacer el fomento productivo, la creación de empleo, la formación de recursos humanos e infraestructura de apoyo.

La Matriz de objetivos y estrategias de desarrollo local sustentable de ambas áreas (Figura 13 y Figura 14) muestran las líneas de acción a efectuarse en cada una de las estrategias para llegar al objetivo deseado.

Indudablemente, el reto es la participación directa del gobierno municipal y estatal, sin ella cualquier tipo de desarrollo es imposible. Además la comunidad debe tener conocimiento pleno de su territorio, de las actividades propias de él, trabajar en coordinación con autoridades y buscar apoyo de instrumentos de inversión.

Los objetivos específicos y estrategias pretenden alcanzar el objetivo general logrando con ello activar las bases de un desarrollo local sustentable, en apoyo a lo escrito en dos documentos importantes para el DS, la Agenda XXI y el Informe Brundtland, donde se menciona que sociedad, economía y medio ambiente son los tres elementos de carácter dinámico necesarios para lograr un desarrollo sano ambientalmente y de igualdad y calidad para el ser humano.

OBJETIVO GENERAL	Actividad económica sustentable, reducción de la pobreza y aumento en calidad de vida de la población.
OBJ. ESPECÍFICOS	ESTRATEGIAS
1.- Actividad pecuaria semi-intensiva.	1.a) Elaboración e implementación de un proyecto de producción pecuaria semi-intensiva acorde con las características sociales, económicas y ambientales y necesidades del ejido. 1.b) Organización para la implementación de cercos de retención del ganado, trabajo en equipo y compromiso. 1.c) Implementación de proyecto de forraje hidropónico como base de la alimentación del ganado en época de sequía, capacitación y gestión. 1.d) Organización de productores pecuarios que les lleve a obtener una producción de calidad y competitiva, búsqueda de líder. 1.e) Organización para el procesamiento de carne con valor agregado, trabajo en equipo, mano de obra femenina. 1.f) Capacitación para la negociación y búsqueda de un mercado rentable, gestión administrativa y transporte del producto.
2.- Actividad ecoturística.	2.a) Elaboración e implementación de proyecto ecoturístico. 2.b) Generación de bases estratégicas para crecimiento y consolidación del ecoturismo, búsqueda de líder. 2.c) Establecer Comité de ecoturismo, creación y distribución de folleto alusivo a los atractivos naturales. Así como publicación de Guía de observación de la naturaleza. 2.d) Formación de recursos humanos, compromiso. 2.e) Definición de la identidad del destino y aspectos culturales. 2.f) Fomento de productos turísticos con alto potencial y valor agregado, involucramiento de mano de obra femenina. 2.g) Promoción del servicio y aseguramiento del mercado turístico a nivel local, regional y nacional. 2.h) Organización de eventos especiales medioambientales que den a conocer los bienes y servicios ambientales del lugar. 2.i) Servicio de transporte de grupos de turistas dentro de la zona acompañados de guía ecológico.
3.- Actividad frutícola.	3.a) Elaboración e implementación de proyecto de producción frutícola, específicamente de mango. 3.b) Organización de dueños de huertas frutales para capacitación de manejo, procesamiento y comercialización del producto, búsqueda de líder, trabajo en equipo y compromiso. 3.c) Asegurar el mercado final del producto natural y producto procesado, gestión administrativa y compromiso.
OBJETIVO ADICIONAL: 4.- Programa social.	4.a) Elaboración e implementación de proyecto de Becas Educativas, Vivienda Digna y Programa Permanente de Salud Pública. 4.b) Matricula escolar potencialmente receptora de beca educativa. 4.c) Base de datos de viviendas en estado de deterioro y búsqueda de apoyo gubernamental y de ONG´s, gestión administrativa. 4.d) Inscripción en el programa de salud municipal para campaña de salud permanente, gestión y búsqueda de profesionistas.

Figura 13. Matriz de objetivos y estrategias de desarrollo local sustentable, área terrestre

OBJETIVO GENERAL	Desarrollo local, actividad económica sustentable y aumento en la calidad de vida de la población.
OBJ. ESPECÍFICOS	ESTRATEGIAS
1.- Actividad pesquera organizada.	1.a) Elaboración e implementación de un proyecto de producción pesquera acorde con las características sociales, económicas y ambientales y necesidades de la zona. 1.b) Organización para la construcción de muelle, gestión. 1.c) Organización de pescadores que les lleve a obtener una producción de calidad y competitiva, búsqueda de líder, trabajo en equipo y compromiso. 1.d) Capacitación para la negociación y búsqueda de un mercado rentable, gestión administrativa y habilidades. 1.e) Organización para mejorar el arte de pesca, capacitación y compromiso.
2.- Actividad ecoturística.	2.a) Elaboración e implementación de proyecto ecoturístico. 2.b) Generación de bases estratégicas para crecimiento y consolidación del ecoturismo, búsqueda de líder y compromiso. 2.c) Establecer Comité de ecoturismo, creación y distribución de folleto alusivo a los atractivos naturales. Así como publicación de Guía de observación de la naturaleza. 2.d) Formación de recursos humanos, capacitación y trabajo en equipo. 2.e) Definición de la identidad del destino y aspectos culturales. 2.f) Fomento de productos turísticos con alto potencial y valor agregado, planificación, trabajo en equipo y mano de obra femenina. 2.g) Promoción del servicio y aseguramiento del mercado turístico, gestión administrativa. 2.h) Organización de eventos especiales medioambientales que den a conocer los bienes y servicios ambientales del lugar, como senderos ecológicos. 2.i) Servicio de transporte de grupos de turistas dentro de la zona acompañados de guía ecológico.
OBJETIVO ADICIONAL: 3.- Programa social.	3.a) Elaboración e implementación de proyecto de Becas Educativas, Vivienda Digna y Programa Permanente de Salud Pública, 3.b) Matricula escolar potencialmente receptora de beca educativa. 3.c) Base de datos de viviendas en estado de deterioro y búsqueda de apoyo gubernamental y de ONG´s, gestión administrativa y compromiso. 3.d) Inscripción en el programa de salud municipal para campaña de salud permanente, gestión y búsqueda de profesionistas.

Figura 14. Matriz de objetivos y estrategias de desarrollo local sustentable, área costera

V. V. COMPARACIÓN DE ESTRATEGIAS DE DESARROLLO Y ACCIONES ESPECÍFICAS EN LAS ÁREAS DE ESTUDIO

En SJ-SD se percibe que es muy difícil que dejen de practicar la ganadería ya que además de ser una tradición cultural les brinda una connotación de estatus, por lo que se propone un aprovechamiento sustentable de manera semi-intensiva dentro de una organización participativa e incluyente.

Por otro lado la estrategia de PCh apoya el seguimiento de la actividad pesquera de manera organizada ya que actualmente se basa en embarcaciones aisladas y separadas, sin aprovechar el potencial alcanzable que brinda una organización de pescadores donde ellos puedan fijar el precio de su oferta pesquera.

Los asentamientos humanos en el área terrestre tienen a su favor el recurso agua y la vegetación de bosque, matorral, mezquital y selva que le dan a su entorno mayor oportunidad de desarrollo y bienestar con el uso y aprovechamiento de todas esas cualidades ambientales y de recursos naturales. La comparación con el área costera es muy desigual debido a que PCh se encuentra en un ecosistema semidesértico en una zona donde la vegetación es escasa aunado a que la disponibilidad de agua dulce se reduce a la ofrecida por la desaladora de SAPA[10] y el arroyo Santa Rita.

La propuesta de actividad ecoturística en ambas áreas se basa en las potencialidades ambientales del entorno además de las sugerencias de la población de ambas áreas, Dichas poblaciones tienen el interés y cuentan con infraestructura básica. En el caso del área terrestre se pueden ofrecer caminatas

[10] Sistema de Agua Potable y Alcantarillado de La Paz

de observación, visita al ojo de agua, rappel, paseos a caballo, visita a los arroyos cercanos, servicios de restaurante, cabañas, área de campismo y venta de artesanías. El área costera cuenta con embarcaciones disponibles para ofrecer paseos en lancha para el avistamiento de las ballenas, aunque sea de manera temporal, además del recurso humano, específicamente mujeres que manifestaron estar dispuestas a organizarse para ofrecer servicio de restaurante en la localidad, con especialidad en mariscos y otras actividades derivadas del sector turismo.

Gracias a las características ambientales del área terrestre y la disponibilidad de agua, cuenta con grandes plantaciones da mango. Gran parte de los ranchos son dedicados a huertas de árboles frutales, la fruta es comercializada sin organización y sin aprovechar el potencial de la misma. Se propone una organización de actividad frutícola como actividad económica complementaria. La comunidad esta dispuesta a involucrarse en esta actividad con apoyo económico para infraestructura básica.

Las poblaciones asentadas en las áreas de estudio manifestaron interés en integrarse al desarrollo de su localidad. Como ya se ha mencionado es muy importante la participación de todos los actores involucrados en las comunidades (políticos, académicos, organizaciones y población local), lo que se traduciría en mayor calidad de vida de la población y desarrollo local bajo los preceptos de sustentabilidad. Pero sobre todo están dispuestos a cambiar el modo de apropiación de los recursos naturales además de cambiar el modo de comercialización.

La semejanza que ambas áreas de estudio es que necesitan un programa social con apoyos de becas escolares, apoyo a mejora de viviendas y programas de salud pública ya que en ambas áreas, al ser zonas rurales, los servicios educativos y de salud se encuentran limitados. Además es necesario un programa de recolección de basura que ayude a mejorar las condiciones ambientales y reducción del índice de enfermedades relacionadas con los tiraderos a cielo abierto.

VI. DISCUSIÓN

Las comunidades humanas que se localizan en las áreas de estudio viven en un entorno natural lleno de grandes riquezas. Dichas comunidades aprovechan los recursos naturales que los rodean desarrollando actividades económicas que les han permitido adquirir un estilo y calidad de vida propios. Las actividades económicas del sector primario se han practicado de manera empírica desorganizada arrastrándolos a una incipiente calidad de vida.

Dentro del área terrestre los habitantes han podido desarrollarse con actividades propias de los ranchos, asimismo, la comunidad costera se asentó en ese lugar gracias a los recursos pesqueros a los que pueden acceder en el lugar; pero la gran variedad de recursos naturales y características del entorno en ambas áreas no les han ayudado a mejorar su calidad de vida, aunque es evidente que la comunidad asentada en el área terrestre, dados los indicadores de población y vivienda, tiene mayor nivel de bienestar que la población del área costera, empero desde los parámetros de pobreza de SEDESOL y dada su metodología netamente monetaria, la comunidad asentada en el área costera es menos pobre a la asentada en el área terrestre.

En 2003 se publicó el Programa de manejo para la REBISLA, involucrando a la comunidad terrestre de estudio. Con dicho programa se han implementado programas de empleo temporal (PET), que han sido efectivos solo en pocas comunidades, aunque surten efecto inmediato brindando un salario a los jornaleros, no han ayudado al desarrollo social de SJ-SD, ni han mejorado las condiciones de vida de la población. Solo se percibe un mejoramiento en el uso y manejo de los recursos naturales ya que dichos PET están dirigidos a actividades relacionadas con la conservación y preservación de los recursos naturales.

El área costera de estudio es una localidad sin planeación puntual que al estar frente a playa tiene el beneficio de la interacción entre los medios terrestre y marino. Pero la falta de un entorno social que aporte mayor bienestar para la población ha hecho que la comunidad ahí asentada no pueda alcanzar una mejora en la calidad de vida, solo sobreviven y se mantienen en el área, gracias a la gran variedad de recurso pesquero de la zona, actividad que carece de una cadena productiva la cual pueda liberar una serie de actividades con valor agregado donde se involucre a la población económicamente inactiva dentro de un eco-manejo del recurso natural.

Además de la diferencia en el entorno ambiental, tipo de ecosistema y recursos naturales disponibles de ambas zonas, como factor determinante para el desarrollo de ambas áreas, se pueden apreciar los principales problemas como falta de organización y de implementación real de estrategias de desarrollo por parte del gobierno, costumbre de supervivencia con baja productividad económica, carencia de infraestructura y servicios públicos, así como inactivación de la cadena productiva dentro del marco de un manejo comunitario de los recursos naturales. No obstante, en la parte terrestre, la dirección de la REBISLA en apoyo al programa de manejo de la misma, se ha esforzado para implementar proyectos ecoturísticos, acordes con las vocaciones naturales del área, los cuales se encuentran en fase de ejecución y apoyan las actividades permitidas en las zonas y subzonas de la REBISLA (Olmos-Martínez, 2005).

La metodología para la medición de la pobreza muestra que los indicadores considerados por SEDESOL, son limitados, ya que la medición de la pobreza no se puede reducir a una estadística simple donde se resume la condición humana multidimensional. Es necesario definir los objetivos en la generación de políticas encaminadas a la conservación y a la reducción de la pobreza (Olmos-Martínez *et al.*, 2008). Las condiciones de vida de las áreas de estudio son decadentes, el índice de SEDESOL solo infiere un ingreso con el cual supuestamente se cubre cierto tipo de necesidades, de hecho la metodología no incluye la verificación de su satisfacción a partir del ingreso. Tampoco toma en cuenta la diferencia de precios de la canasta básica en las diferentes entidades del país.

Las personas que viven en las áreas de estudio están socialmente carenciadas de acuerdo a Boltvinik (2003) ya que no tienen recursos para cubrir demandas sociales y costumbres. Además hay que tener en cuenta que las necesidades no son estáticas ya que se adaptan e incrementan a medida de que la sociedad cambia (Sen 2003; Gray y Moseley 2005). Aunado a que, el método elegido para medir la pobreza por el CTMP, es insuficiente para evaluar las distintas dimensiones que determinan el nivel de vida ya que esta muy por debajo de lo que establece la misma Constitución como un derecho para todos (Boltvinik y Damián, 2003).

En la crítica de Boltvinik y Damián (2003) sobre la metodología de SEDESOL llegaron a la conclusión de que el CTMP obtuvo como resultado que para el año

2000, el 65% de la población del país era pobre, pero el gobierno federal aprovechando que el CTMP subdividió la población en tres estratos eliminó el estrato superior de los pobres y los redujo de 64 a 54%, aunado que se introdujo un estrato intermedio a los dos restantes, quedando como resultado la división de los pobres de los no tan pobres. Estos niveles indican los ingresos que alcanzarán a cubrir solamente una parte de las necesidades básicas.

Por otro lado se indica que todos los pobres son pobres de ingresos y las capacidades y patrimonios no fueron evaluados ya que se necesita un método multidimensional. Dimensionando lo antes mencionado en un contexto local dentro de las áreas de estudio se observa que, es un hecho que la metodología de SEDESOL es limitada ya que en el área costera de estudio los resultados muestran ser menos pobres que los del área terrestre solo porque tienen mejores ingresos como resultado de su actividad productiva; por ejemplo, en el área costera solo el 5% de la población sufre de pobreza alimentaria comparado con el 22% del área terrestre dentro de la misma categoría. Sin embargo, a simple vista se observa que el área terrestre tiene mejores condiciones de vida que la costera solo por el hecho de vivir en un entorno de gran riqueza biológica (bosque, matorral, arroyo, etc.), la cual le permite satisfacer de una manera más fácil sus necesidades alimentarias ya que siembran y crían animales domésticos para autoconsumo, actividades que no se pueden realizar en el área costera. No obstante, la población de SJ-SD ha tenido que salir de su comunidad en busca de un ingreso seguro, se observó que la mayoría de la PEA ocupada es empleada en el sector terciario, abandonando la actividad ganadera tradicional.

En el análisis del uso de recursos naturales, en el área terrestre se observa el uso de 29 especies de flora, en actividades económicas y sociales, a diferencia del área costera donde no hacen uso de ninguna especia de flora.

En lo referente al uso de especies de fauna, dentro del área costera se aprovechan, como mínimo, 20 especies pesqueras con una gran derrama económica para la población, a diferencia del área terrestre donde solo hacen uso de 5 especies de fauna de las cuales la derrama económica no es tan sustantiva.

De manera general se observa una gran diferencia en el uso de los recursos naturales de las áreas de estudio, indicando una vez más que la actividad económica así como la satisfacción de las necesidades básicas y la calidad de vida no solo tiene que ver con un indicador, sino que va más allá de un indicador monetario lo que se debe tomar en cuenta dentro de las políticas públicas dirigidas a toda localidad para conocer su calidad de vida y la manera en que de debe impulsar el desarrollo socio-económico en el marco del manejo comunitario y sustentable de sus recursos.

La metodología sobre las bases para un DS muestra el trabajo en equipo con las comunidades asentadas en las áreas de estudio, las cuales han sido incluidas como los principales grupos de actores y tomadores de decisión dentro del desarrollo del estudio, considerando principalmente sus intereses. Tal y como se hizo en un estudio realizado en el año 2004 con la misma metodología (Olmos-Martínez, 2005) se articularon cada una de las fases del proceso de planificación sobre la realidad de un espacio local concreto, pero en esta ocasión se desarrollo un análisis comparativo de dos áreas relativamente cercanas pero con características naturales, ambientales y sociales diferentes. Los resultados obtenidos en 2004 muestran, al igual que en 2006, la comunidad asentada en el área terrestre continúa apoyando sus vocaciones naturales y socioculturales enfocándolas a actividades económicas ganaderas, ecoturísticas y frutícolas. En la parte costera, no se tiene estudio previo comparativo de la aplicación de la metodología de Silva, solo se cuenta con trabajos realizados desde el punto de vista de la caracterización de la actividad pesquera en el área, donde se concluye la falta de organización pesquera, planeación inadecuada, problemas relacionados con la comercialización, falta de información socioeconómica, biológica-pesquera básicas y la ausencia de sustentabilidad (Méndez, 2005).

El DS de cualquier localidad esta condicionado por su entorno (Silva, 2003a), por lo que en SJ-SD y PCh, dicho entorno puede ser más ó menos favorable dependiendo de los tomadores de decisiones quienes son los agentes impulsores del proceso. El reto del DS es irrenunciable y poco a poco se está convirtiendo en una condición esencial para el desarrollo de la calidad de vida de las comunidades humanas. Tenemos que convencer al gobierno local, estatal y federal del valor de la naturaleza para que se considere dentro del presupuesto público un porcentaje dedicado a la conservación.

VII. CONCLUSIÓN

La REBISLA es una de las ANP administradas por la Comisión Nacional de Áreas Naturales Protegidas, la cual, a partir de la creación de su Programa de manejo ha llevado a cabo una serie de acciones relacionadas con la restauración, protección y preservación de los ambientes naturales. A la fecha en SJ-SD se han presentado problemas debido a las restricciones que los pobladores enfrentan respecto al uso de los recursos naturales que ahora son considerados federales y representan el patrimonio de la sociedad actual y futura (Olmos-Martínez *et al.*, 2008). No obstante, el trabajo de la Dirección de la REBISLA ha encaminado a las actividades económicas realizadas en el área terrestre, para que su práctica vaya hacia la sustentabilidad, crecimiento económico, mayor calidad de vida y equidad de género las cuales actualmente no existen. Se observo durante las visitas a la comunidad que la población se muestra un tanto apática respecto a las actividades y programas desarrollados por la dirección de la reserva, muestran su descontento con sus limitaciones en sus condiciones de calidad de vida y falta de bienes que les brinden mayor comodidad, pero "*les gusta como están*" sienten empatía con su modo de vida, tienen un gran arraigo por la tierra y sus costumbres, el cual, cualquier citadino no compartiría.

Por su parte, los habitantes del área costera, si mostraron descontento con su modo de vida, pero comentan que "*no les queda de otra*" motivo por el cual siguen viviendo ahí, aunado a que la pesca es la única actividad económica que saben desarrollar, la falta de agua, la escasez de escuelas de nivel medio y superior, falta de servicios públicos y de salud hacen que su calidad de vida sea evidentemente baja, sin embargo, de acuerdo con la metodología de SEDESOL, son menos pobres que en el área terrestre ya que aprovechan el recurso pesquero que les brinda mayor ingreso monetario, con el cual según SEDESOL pueden cubrir sus necesidades, pero los indicadores socioeconómicos hacen nula esta afirmación.

El área costera de estudio, al no estar favorecida con un programa de manejo de los recursos como lo es la parte terrestre, es un área pesquera que prácticamente se encuentra abandonada. La autoridad local tiene una actitud arbitraria y sin voluntad, demostrando la falta de importancia hacia un estudio como el presente.

Las estrategias recomendadas para el desarrollo de las áreas de estudio se centran en la utilización de los recursos naturales, protección de la biodiversidad, preservación del medio ambiente así como de la participación comunitaria y su bienestar. Las estrategias se enmarcan en el contexto de DS ya que existe la tendencia de decremento y deterioro de los recursos naturales a nivel local, nacional y mundial, en ese sentido se adopta un concepto unificador, que reconoce la importancia de las necesidades humanas pero siempre subordinadas a la capacidad de soporte de los ecosistemas.

En ese sentido, una de las ventajas del presente estudio es el trabajo comunitario realizado, el acercamiento con la población, la observación y pláticas privadas con personas de la comunidad dando como consecuencia que los resultados fueron incluyentes, conjuntos y consensuales, reflejando su identidad cultural e intereses comunes; conscientes de que la participación comunitaria es la base para mejorar la calidad de vida de cada hogar. Además se sembró la inquietud del conocimiento del entorno y consciencia del cuidado del medio ambiente.

Se analizaron aspectos socioeconómicos y de los recursos naturales, así como la comparación entre comunidades diferentes dentro de un mismo territorio. Este tipo de estudios revela que las políticas de desarrollo para comunidades de un mismo estado o territorio no tienen que ser homogéneas, por el contrario, se debe tomar en cuenta las diferencias en ecosistemas, vocaciones y potencialidades, mostrando las diferentes características y aprovechándolas a favor del desarrollo comunitario.

Con lo anterior se pretende que en un futuro se realicen estudios semejantes donde se pueda recomendar acciones concretas para elevar el nivel de vida de las comunidades, practicar un uso sustentable de los recursos naturales y la conservación de la biodiversidad, pero sobre todo, ofrecer recomendaciones concretas a los tomadores de decisiones que ayuden a establecer políticas de DS en las comunidades, donde dichas propuestas representen los intereses de la población.

Si se trabaja desde dentro de la localidad, de lo particular a lo general, de lo local a lo regional, nacional y mundial, sumando esfuerzos se puede aportar un grano de arena para alcanzar una meta mundial, de tal modo que esto sea un círculo virtuoso, un esfuerzo por nosotros, por el planeta, mejorando la calidad de vida de la población en armonía con los componentes ambientales que nos rodean.

VIII. RECOMENDACIONES

1. Búsqueda de acciones coordinadas y consensuadas entre comunidades, autoridades locales, municipales y gubernamentales con el fin de proporcionar apoyo directo para fortalecer las actividades económicas propuestas bajo las bases del DS y poder alcanzar los objetivos planteados.
2. Una vez fortalecidas las principales actividades económicas que fomenten el desarrollo socioeconómico de las comunidades, generar sinergias de acción para la creación de empleos que tengan que ver con valor agregado de dichas actividades, así como actividades complementarias y/o alternas que fortalezcan la identidad cultural y proporcionen ingresos dignos.
3. Implementar un programa de infraestructura básica y servicios públicos para el mejoramiento de las comunidades.
4. Ofrecer capacitación en base a la organización productiva y prácticas derivadas de las actividades económicas preponderantes y complementarias.
5. Asegurar la participación de la mujer, como parte integral para el desarrollo sustentable de las comunidades.
6. Implementar programas de participación social para la integración de la familia y la comunidad para el abatimiento de la migración, mejoras en servicios de salud así como de educación ambiental.
7. Valorar la importancia del trabajo comunitario con el fin de fortalecer el desarrollo de las propias comunidades, tomando en cuenta los intereses de los principales actores.

IX. LITERATURA CITADA

Adams, W. M., R. Aveling, D. Brockington, B. Dickson, J. Elliott, J. Hutton, D. Roe, B. Vira y W. Wolmer. 2004. Biodiversity Conservation and the Eradication of Poverty. Science. 306. (5699): 1146-1149.

Álvarez-Borrego, S., Galindo-Bect, A., y A. Chee-Barragán. 1975. Características hidroquímicas de Bahía Magdalena, B. C. S. Ciencias Marinas. 2. (2): 94-109.

Arriaga, L. (editor). 1994. Estrategia para la conservación de la Sierra de la Laguna. Publicación No. 6. Centro de Investigaciones Biológicas. La Paz, B.C.S. 136 pp.

Arriaga, L. y A. Ortega Rubio. 1988. Características generales. En: Arriaga, L. y Ortega, A. (editores). La Sierra de la Laguna de Baja California Sur. Centro de Investigaciones Biológicas de Baja California Sur, A. C. La Paz, Baja California Sur.

Azqueta, D. 2002. Introducción a la Economía Ambiental. McGraw Hill. España. 420 pp.

Banco Nacional de México, www.banxico.org.mx

Barkin, D. 1998. Riqueza, pobreza y desarrollo sustentable. JUS. México. 75 pp.

Bifani, P. 1997. Medio ambiente y desarrollo. Universidad de Guadalajara. 3ra. Edición.

________ 1980. Desarrollo y medio ambiente. Cuaderno del Centro Internacional de Formación den Ciencias Ambientales (CIFCA). Madrid. 156 pp.

Boisier, S. 1997. El vuelo de una cometa. Una metáfora para una teoría del desarrollo territorial. Santiago de Chile. ILPES. LC/IP/G103. Serie de ensayos Documento 97/37. 31 enero. 22pp.

Boltvinik, J. 2003. Conceptos y métodos para el estudio de la pobreza. Comercio Exterior. 53. (5): 404-409.

___________ y Araceli Damián. 2003. Derechos Humanos y Medición Oficial de la Pobreza en México. Papeles de Población. (35): 101-137.

_________ y Enrique Hernández Laos. 1999. Pobreza y distribución del ingreso en México. México: Siglo XXI.

Carabias, J. 2002. Conservación de los ecosistemas y el desarrollo rural sustentable en América Latina: condiciones, limitantes y retos. En Leff, E. (coord.). La transición hacia el desarrollo sustentable. Perspectivas de América Latina y el Caribe. INE-SEMARNAT, UAM, PNUMA. 257-280.

Cariño, M. 1992. Los hombres y el aprovechamiento de los recursos naturales del ambiente en la época colonial de Sudcalifornia. En: Ortega Rubio, A. (Ed). Uso y manejo de los recursos naturales en la Sierra de la Laguna. CIBNOR. La Paz, B.C.S. 22-41.

Castorena, L. y A. Breceda Solís. 2003. Diagnóstico social y diseño de estrategia operativa para la Reserva de la Biosfera Sierra la Laguna. Secretaría del Medio Ambiente y Recursos Naturales, Comisión Nacional de Áreas Naturales Protegidas. y Banco Mundial. 113 pp.

Centro Estatal de Información (CEI) – Gobierno del estado de Baja California Sur. 2003. Compendio estadístico 2001-2003, Municipios de Baja California Sur. 1080pp.

Consejo Impulsor del Desarrollo Educativo del Estado de Sonora (CIDESON), www.cideson.mx

Coria, R. 1988. Climatología. En: Arriaga L. y A. Ortega (comps.). La Sierra La Laguna de Baja California Sur. Centro de Investigaciones Biológicas de Baja California Sur. La Paz, B.C.S. 45-52.

Cortés Cáceres F., D. Hernández, E. Hernández Laos, M. Székely Pardo y H. Vera Llamas. 2002a. Medición de la pobreza, variantes metodológicas y estimación preliminar. México. Comité Técnico para la Medición de la Pobreza (CTMP) - Secretaría de Desarrollo Social (SEDESOL). Serie: documentos de investigación. No. 1.

_____ .2002b. Evolución y características de la pobreza en México en la última década del siglo XX. México: CTMP-SEDESOL. Serie: documentos de investigación. No. 2.

Diario independiente iberoamericano (DII). 2002. www.lainsignia.org/2002/julio/ecol

Diario Oficial de la Federación (DOF). 1994. Norma Oficial Mexicana NOM-059-Ecol-1994, que determina el decreto de la creación de la Reserva de la Biosfera Sierra la Laguna, B. C. S., 6 de junio de 1994.

Dourojeanni, A. 1999. La dinámica del desarrollo sustentable y sostenible. CEPAL LC/R. 1925. 26 pp.

González G., C. 1996. (coord.) El Desarrollo Sustentable. Una Alternativa de Desarrollo Institucional. SEMARNAP. México.

González, H. y A. Ortega. 2006. Sustentabilidad en la camaronicultura de Sonora, México. En: Beltrán, L.F.; Urciaga, J.; y Ortega, A. (editores). Desarrollo sustentable ¿mito o realidad?. La Paz, B.C.S. 157-182.

Gray, L. C. y W. G. Moseley. 2005. A Geographical Perspective on Poverty-Environment Interactions. The Geographical Journal. 171. (1): 9-23.

Guimarães, R. P. 1998. Aterrizando una cometa: indicadores territoriales de sustentabilidad. Documento 18/98. Serie investigación. ILPES. 62 pp.

Hernández Laos, E. 2001. Retos para la medición de la pobreza en México. Comercio Exterior. 51. (10): 860-868.

Herrera Cifuentes, F. 1999. Estrategias de Desarrollo Sustentable; los Casos de la Cooperativa de Producción Pesquera "Punta Abreojos" y de la Sociedad de Solidaridad Social "Del Cabo", B. C. S., México. Tesis de maestría. UABCS. 104 pp.

INEGI. 2003. Gobierno del Estado de Baja California Sur – Secretaría de promoción y desarrollo económico – Secretaría de planeación –. Anuario estadístico del estado de Baja California Sur. 1080 pp.

INEGI. 2006. II Conteo de Población y vivienda 2005, Principales resultados por localidad 2005.

Martínez Alier, J. y J. Roca. 2000. Economía ecológica y política ambiental. PUNUMA y FCE. México. 493 pp.

Maya, Y. 1988. Edafología. En: Arriaga L. y A. Ortega, (comps.). La Sierra La Laguna de Baja California Sur. Centro de Investigaciones Biológicas de Baja California Sur. La Paz, B.C.S. 53-65.

Méndez García, U. 2005. Bases para el manejo sustentable: Evaluación de la pesca artesanal en el complejo lagunar Santo Domingo-Magdalena-Almejas, B. C. S., México. Tesis de maestría. CIBNOR. 91pp.

Morelos, S. 1988 La vegetación: una aproximación a través de la fotointerpretación. En: Arriaga L. y A. Ortega (comps.). La Sierra La Laguna de Baja California Sur. Centro de Investigaciones Biológicas de Baja California Sur. La Paz, B.C.S. 69-82.

Naciones Unidas (NU). 1998. Programa 21, Programa de acción de las Naciones Unidas de Río. Naciones Unidas. Río de Janeiro.

Ocampo, J. A. 1999. Políticas e instituciones para el desarrollo sostenible en América Latina y el Caribe. Serie 18. Medio ambiente y desarrollo. CEPAL-ECLAC.

Olmos-Martínez, E. 2005. Hacia un desarrollo sustentable y caracterización de la pobreza en el ejido San Jorge, Reserva de la Biosfera Sierra la Laguna, B. C. S. Tesis de maestría. UABCS. 144pp.

Olmos Martínez, E., S. Salas, L. F. Beltrán Morales, A. Breceda-Solís y A. Ortega-Rubio. 2008. Riqueza ecológica y pobreza económica en un área natural protegida en Baja California Sur. Región y Sociedad. XX. (42): 133-164.

Organization for Economic Co-operation and development (OECD). 2006. Subsidy reform and sustainable development: economic, environmental and social aspects. 144 pp.

Ortega Rubio, A. 1992. Uso y Manejo de los recursos naturales en la Sierra de la Laguna, Baja California Sur. Centro de Investigaciones Biológicas de B. C. S., A. C. La Paz, B.C.S. 367 pp.

Padilla, G., S. Pedrín y E. Díaz. 1988. Historia geológica y paleoecología. En: Arriaga L. y A. Ortega, (comps.). La Sierra La Laguna de Baja California Sur. Centro de Investigaciones Biológicas de Baja California Sur. La Paz, B.C.S. 27-36.

Programa de las Naciones Unidas para el Desarrollo (PNUD) y Comisión Europea (CE). 1999. Iniciativa sobre la pobreza y el medio ambiente. Combatir la pobreza y mejorar al mismo tiempo el medio ambiente: opciones óptimas. 87 pp.

Programa de las Naciones Unidas para el Desarrollo (PNUD) y Comisión Europea (CE). 2000. Combatir la pobreza y mejorar al mismo tiempo el médio ambiente: opciones óptimas. Nueva York: PNUD y CE.

Ramírez Espinosa, J. A. 2001. Identificación de áreas críticas para la protección de la biodiversidad en la Reserva de la Biosfera Sierra la laguna, Baja California Sur. Tesis de maestría. CIB-NOR. 94 pp.

Ramírez R. de V., F. 1999. Conservación, manejo y aprovechamiento sustentable de la vida silvestre. En Ávila *et al.* (1999) (comp.) Economía de la biodiversidad, Memoria del seminario internacional de La Paz, B.C.S. SEMARNT-INE. 341-358 pp.

Roe, D. y J. Elliott. 2006. Pro-Poor Conservation: The Elusive Win-Win for Conservation and Poverty Reduction?. Policy Matters. 14: 53-63.

Rosen D., D. De Steven and M. Lange. 2008. Conservation Strategies and Vegetation Characterization in the Columbia Bottomlands, an Under-recognized Southern Floodplain Forest Formation. Natural Areas Journal. 28. 1.

Rueda-Fernández, S. 1983. La precipitación como indicador de la variación climática en la Península de Baja California y su relación dendrocronológica. Tesis de maestría. CIBNOR.

Scherr, S. J. 2000. A Downward Spiral? Research Evidence on the Relationship between Poverty and Natural Resource Degradation. Food Policy. 25 (4): 479-498.

Sen, A. 2003. El enfoque de las capacidades y las realizaciones. Comercio Exterior. 53. (5): 413-416.

SEMARNAT. 2000. Inventario nacional forestal. México.

SEMARNAT. 2003. Programa de manejo, Reserva de la Biosfera Sierra La Laguna. Secretaría de Medio Ambiente y Recursos Naturales. La Paz, B.C.S. México. 123 pp.

Silva Lira, I. 2003a. Metodología para la elaboración de estrategias de desarrollo local. Serie gestión Pública No. 42. Dirección de Gestión del desarrollo Local y Regional. ILPES-CEPAL. 64 pp.

________ 2003b Disparidades, competitividad territorial y desarrollo local y regional en América Latina, serie Gestión pública No. 33, Santiago de Chile Comisión Económica para América Latina y el Caribe (CEPAL), abril.

Townsend, P. 2003. La conceptualización de la pobreza. Comercio Exterior. 53. (5): 445-452.

United Nations. 2008. Measuring Sustainable Development, report of the Joint UNECE/OECD/Eurostat Working Group on Statistics for Sustainable Development. New York and Geneva, 124 pp.

ANEXO 1

Tabla 1. IPC General de la Cd. De La Paz, base segunda quincena de junio de 2002. Periodo agosto de 2000 a noviembre de 2006.

Periodo	IPC=100	IPC = 1
Ago-00	87.87220088	1
Nov-06	119.311	1.35777867

TABLAS COMUNIDAD COSTERA DE PUERTO CHALE

Tabla 2.- Ingreso real deflactado por familia 2006.

Familias	Y nominal mensual	IPC base 1	Y real mensual
1	6,000.00	1.35777867	4,418.98
2	8,000.00	1.35777867	5,891.98
3	5,000.00	1.35777867	3,682.49
4	3,000.00	1.35777867	2,209.49
5	8,000.00	1.35777867	5,891.98
6	15,000.00	1.35777867	11,047.46
7	6,000.00	1.35777867	4,418.98
8	5,000.00	1.35777867	3,682.49
9	12,000.00	1.35777867	8,837.96
10	5,000.00	1.35777867	3,682.49
11	10,000.00	1.35777867	7,364.97
12	15,000.00	1.35777867	11,047.46
13	4,000.00	1.35777867	2,945.99
14	15,000.00	1.35777867	11,047.46
15	4,000.00	1.35777867	2,945.99
16	3,200.00	1.35777867	2,356.79
17	2,500.00	1.35777867	1,841.24
18	5,000.00	1.35777867	3,682.49
19	10,000.00	1.35777867	7,364.97
20	5,000.00	1.35777867	3,682.49

Tabla 3. Ingreso real diario per cápita

Y real mensual	Integrantes por familia	Y real mensual percapita	Dias al mes	Y real por dia per capita
4,418.98	4	1,104.75	30	36.82
5,891.98	8	736.50	30	24.55
3,682.49	4	920.62	30	30.69
2,209.49	1	2,209.49	30	73.65
5,891.98	3	1,963.99	30	65.47
11,047.46	9	1,227.50	30	40.92
4,418.98	5	883.80	30	29.46
3,682.49	3	1,227.50	30	40.92
8,837.96	6	1,472.99	30	49.10
3,682.49	7	526.07	30	17.54
7,364.97	6	1,227.50	30	40.92
11,047.46	3	3,682.49	30	122.75
2,945.99	3	982.00	30	32.73
11,047.46	12	920.62	30	30.69
2,945.99	4	736.50	30	24.55
2,356.79	5	471.36	30	15.71
1,841.24	5	368.25	30	12.27
3,682.49	7	526.07	30	17.54
7,364.97	4	1,841.24	30	61.37
3,682.49	5	736.50	30	24.55

Tabla 4. Cálculo del nivel de pobreza según SEDESOL año 2006 en Puerto Chale.

Universo	Ingreso Real Diario per cápita	Ingreso requerido Línea 1 $15.40 Y real/15.40	1=Pobre, 0= no pobre LINEA 1	Ingreso requerido Línea 2 $18.90 Yreal/18.90	1=Pobre, 0= no pobre LINEA 2	Ingreso requerido Línea 3 $28.10 Yreal/28.10	1=Pobre, 0= no pobre LINEA 3
1	36.82	2.39	0	1.95	0	1.31	0
2	36.82	2.39	0	1.95	0	1.31	0
3	36.82	2.39	0	1.95	0	1.31	0
4	36.82	2.39	0	1.95	0	1.31	0
5	24.55	1.59	0	1.30	0	0.87	1
6	24.55	1.59	0	1.30	0	0.87	1
7	24.55	1.59	0	1.30	0	0.87	1
8	24.55	1.59	0	1.30	0	0.87	1
9	24.55	1.59	0	1.30	0	0.87	1
10	24.55	1.59	0	1.30	0	0.87	1
11	24.55	1.59	0	1.30	0	0.87	1
12	24.55	1.59	0	1.30	0	0.87	1
13	30.69	1.99	0	1.62	0	1.09	0

Universo	Ingreso Real Diario per cápita	Ingreso requerido Línea 1 $15.40 Y real/15.40	1=Pobre, 0= no pobre LINEA 1	Ingreso requerido Línea 2 $18.90 Yreal/18.90	1=Pobre, 0= no pobre LINEA 2	Ingreso requerido Línea 3 $28.10 Yreal/28.10	1=Pobre, 0= no pobre LINEA 3
14	30.69	1.99	0	1.62	0	1.09	0
15	30.69	1.99	0	1.62	0	1.09	0
16	30.69	1.99	0	1.62	0	1.09	0
17	73.65	4.78	0	3.90	0	2.62	0
18	65.47	4.25	0	3.46	0	2.33	0
19	65.47	4.25	0	3.46	0	2.33	0
20	65.47	4.25	0	3.46	0	2.33	0
21	40.92	2.66	0	2.17	0	1.46	0
22	40.92	2.66	0	2.17	0	1.46	0
23	40.92	2.66	0	2.17	0	1.46	0
24	40.92	2.66	0	2.17	0	1.46	0
25	40.92	2.66	0	2.17	0	1.46	0
26	40.92	2.66	0	2.17	0	1.46	0
27	40.92	2.66	0	2.17	0	1.46	0
28	40.92	2.66	0	2.17	0	1.46	0
29	40.92	2.66	0	2.17	0	1.46	0
30	29.46	1.91	0	1.56	0	1.05	0
31	29.46	1.91	0	1.56	0	1.05	0
32	29.46	1.91	0	1.56	0	1.05	0
33	29.46	1.91	0	1.56	0	1.05	0
34	29.46	1.91	0	1.56	0	1.05	0
35	40.92	2.66	0	2.17	0	1.46	0
36	40.92	2.66	0	2.17	0	1.46	0
37	40.92	2.66	0	2.17	0	1.46	0
38	49.10	3.19	0	2.60	0	1.75	0
39	49.10	3.19	0	2.60	0	1.75	0
40	49.10	3.19	0	2.60	0	1.75	0
41	49.10	3.19	0	2.60	0	1.75	0
42	49.10	3.19	0	2.60	0	1.75	0
43	49.10	3.19	0	2.60	0	1.75	0
44	17.54	1.14	0	0.93	1	0.62	1
45	17.54	1.14	0	0.93	1	0.62	1
46	17.54	1.14	0	0.93	1	0.62	1
47	17.54	1.14	0	0.93	1	0.62	1
48	17.54	1.14	0	0.93	1	0.62	1
49	17.54	1.14	0	0.93	1	0.62	1
50	17.54	1.14	0	0.93	1	0.62	1
51	40.92	2.66	0	2.17	0	1.46	0
52	40.92	2.66	0	2.17	0	1.46	0
53	40.92	2.66	0	2.17	0	1.46	0
54	40.92	2.66	0	2.17	0	1.46	0
55	40.92	2.66	0	2.17	0	1.46	0

Universo	Ingreso Real Diario per cápita	Ingreso requerido Línea 1 $15.40 Y real/15.40	1=Pobre, 0= no pobre LINEA 1	Ingreso requerido Línea 2 $18.90 Yreal/18.90	1=Pobre, 0= no pobre LINEA 2	Ingreso requerido Línea 3 $28.10 Yreal/28.10	1=Pobre, 0= no pobre LINEA 3
56	40.92	2.66	0	2.17	0	1.46	0
57	122.75	7.97	0	6.49	0	4.37	0
58	122.75	7.97	0	6.49	0	4.37	0
59	122.75	7.97	0	6.49	0	4.37	0
60	32.73	2.13	0	1.73	0	1.16	0
61	32.73	2.13	0	1.73	0	1.16	0
62	32.73	2.13	0	1.73	0	1.16	0
63	30.69	1.99	0	1.62	0	1.09	0
64	30.69	1.99	0	1.62	0	1.09	0
65	30.69	1.99	0	1.62	0	1.09	0
66	30.69	1.99	0	1.62	0	1.09	0
67	30.69	1.99	0	1.62	0	1.09	0
68	30.69	1.99	0	1.62	0	1.09	0
69	30.69	1.99	0	1.62	0	1.09	0
70	30.69	1.99	0	1.62	0	1.09	0
71	30.69	1.99	0	1.62	0	1.09	0
72	30.69	1.99	0	1.62	0	1.09	0
73	30.69	1.99	0	1.62	0	1.09	0
74	30.69	1.99	0	1.62	0	1.09	0
75	24.55	1.59	0	1.30	0	0.87	1
76	24.55	1.59	0	1.30	0	0.87	1
77	24.55	1.59	0	1.30	0	0.87	1
78	24.55	1.59	0	1.30	0	0.87	1
79	15.71	1.02	0	0.83	1	0.56	1
80	15.71	1.02	0	0.83	1	0.56	1
81	15.71	1.02	0	0.83	1	0.56	1
82	15.71	1.02	0	0.83	1	0.56	1
83	15.71	1.02	0	0.83	1	0.56	1
84	12.27	0.80	1	0.65	1	0.44	1
85	12.27	0.80	1	0.65	1	0.44	1
86	12.27	0.80	1	0.65	1	0.44	1
87	12.27	0.80	1	0.65	1	0.44	1
88	12.27	0.80	1	0.65	1	0.44	1
89	17.54	1.14	0	0.93	1	0.62	1
90	17.54	1.14	0	0.93	1	0.62	1
91	17.54	1.14	0	0.93	1	0.62	1
92	17.54	1.14	0	0.93	1	0.62	1
93	17.54	1.14	0	0.93	1	0.62	1
94	17.54	1.14	0	0.93	1	0.62	1
95	17.54	1.14	0	0.93	1	0.62	1
96	61.37	3.99	0	3.25	0	2.18	0
97	61.37	3.99	0	3.25	0	2.18	0

Universo	Ingreso Real Diario per cápita	Ingreso requerido Línea 1 $15.40 Y real/15.40	1=Pobre, 0= no pobre LINEA 1	Ingreso requerido Línea 2 $18.90 Yreal/18.90	1=Pobre, 0= no pobre LINEA 2	Ingreso requerido Línea 3 $28.10 Yreal/28.10	1=Pobre, 0= no pobre LINEA 3
98	61.37	3.99	0	3.25	0	2.18	0
99	61.37	3.99	0	3.25	0	2.18	0
100	24.55	1.59	0	1.30	0	0.87	1
101	24.55	1.59	0	1.30	0	0.87	1
102	24.55	1.59	0	1.30	0	0.87	1
103	24.55	1.59	0	1.30	0	0.87	1
104	24.55	1.59	0	1.30	0	0.87	1

TABLAS COMUNIDADES TERRESTRES DE SAN JORGE Y SAN DIONISIO

Tabla 5. Ingreso real deflactado por familia 2006.

Familias	Y nominal mensual	IPC base 1	Y real mensual
1	5,500.00	1.35777867	4,050.73
2	5,000.00	1.35777867	3,682.49
3	7,500.00	1.35777867	5,523.73
4	7,500.00	1.35777867	5,523.73
5	8,750.00	1.35777867	6,444.35
6	5,500.00	1.35777867	4,050.73
7	4,000.00	1.35777867	2,945.99
8	6,550.00	1.35777867	4,824.06
9	4,100.00	1.35777867	3,019.64
10	4,500.00	1.35777867	3,314.24
11	6,100.00	1.35777867	4,492.63
12	9,250.00	1.35777867	6,812.60
13	5,000.00	1.35777867	3,682.49
14	3,750.00	1.35777867	2,761.86
15	2,500.00	1.35777867	1,841.24
16	4,500.00	1.35777867	3,314.24
17	3,750.00	1.35777867	2,761.86
18	7,000.00	1.35777867	5,155.48
19	4,200.00	1.35777867	3,093.29
20	5,000.00	1.35777867	3,682.49

Tabla 6. Ingreso real diario per cápita

Y real mensual	Integrantes por familia	Y real mensual percapita	Dias al mes	Y real por dia per capita
4,050.73	9	450.08	30	15.00
3,682.49	4	920.62	30	30.69
5,523.73	6	920.62	30	30.69
5,523.73	4	1380.93	30	46.03
6,444.35	4	1611.09	30	53.70
4,050.73	7	578.68	30	19.29
2,945.99	7	420.86	30	14.03
4,824.06	6	804.01	30	26.80
3,019.64	2	1509.82	30	50.33
3,314.24	4	828.56	30	27.62
4,492.63	7	641.80	30	21.39
6,812.60	6	1135.43	30	37.85
3,682.49	2	1841.24	30	61.37
2,761.86	3	920.62	30	30.69
1,841.24	5	368.25	30	12.27
3,314.24	3	1104.75	30	36.82
2,761.86	4	690.47	30	23.02
5,155.48	4	1288.87	30	42.96
3,093.29	6	515.55	30	17.18
3,682.49	2	1841.24	30	61.37

Tabla 7. Cálculo del nivel de pobreza según SEDESOL año 2006 en San Jorge y San Dionisio.

Universo	Ingreso Real Diario per cápita	Ingreso requerido Línea 1 \$15.40 Yreal/15.40	1=Pobre, 0= no pobre LINEA 1	Ingreso requerido Línea 2 \$18.90 Yreal/18.90	1=Pobre, 0= no pobre LINEA 2	Ingreso requerido Línea 3 \$28.10 Yreal/28.10	1=Pobre, 0= no pobre LINEA 3
1	15.00	0.97	1	0.79	1	0.53	1
2	15.00	0.97	1	0.79	1	0.53	1
3	15.00	0.97	1	0.79	1	0.53	1
4	15.00	0.97	1	0.79	1	0.53	1
5	15.00	0.97	1	0.79	1	0.53	1
6	15.00	0.97	1	0.79	1	0.53	1
7	15.00	0.97	1	0.79	1	0.53	1
8	15.00	0.97	1	0.79	1	0.53	1
9	15.00	0.97	1	0.79	1	0.53	1
10	30.69	1.99	0	1.62	0	1.09	0
11	30.69	1.99	0	1.62	0	1.09	0
12	30.69	1.99	0	1.62	0	1.09	0
13	30.69	1.99	0	1.62	0	1.09	0

Universo	Ingreso Real Diario per cápita	Ingreso requerido Línea 1 $15.40 Yreal/15.40	1=Pobre, 0= no pobre LINEA 1	Ingreso requerido Línea 2 $18.90 Yreal/18.90	1=Pobre, 0= no pobre LINEA 2	Ingreso requerido Línea 3 $28.10 Yreal/28.10	1=Pobre, 0= no pobre LINEA 3
14	30.69	1.99	0	1.62	0	1.09	0
15	30.69	1.99	0	1.62	0	1.09	0
16	30.69	1.99	0	1.62	0	1.09	0
17	30.69	1.99	0	1.62	0	1.09	0
18	30.69	1.99	0	1.62	0	1.09	0
19	30.69	1.99	0	1.62	0	1.09	0
20	46.03	2.99	0	2.44	0	1.64	0
21	46.03	2.99	0	2.44	0	1.64	0
22	46.03	2.99	0	2.44	0	1.64	0
23	46.03	2.99	0	2.44	0	1.64	0
24	53.70	3.49	0	2.84	0	1.91	0
25	53.70	3.49	0	2.84	0	1.91	0
26	53.70	3.49	0	2.84	0	1.91	0
27	53.70	3.49	0	2.84	0	1.91	0
28	19.29	1.25	0	1.02	0	0.69	1
29	19.29	1.25	0	1.02	0	0.69	1
30	19.29	1.25	0	1.02	0	0.69	1
31	19.29	1.25	0	1.02	0	0.69	1
32	19.29	1.25	0	1.02	0	0.69	1
33	19.29	1.25	0	1.02	0	0.69	1
34	19.29	1.25	0	1.02	0	0.69	1
35	14.03	0.91	1	0.74	1	0.50	1
36	14.03	0.91	1	0.74	1	0.50	1
37	14.03	0.91	1	0.74	1	0.50	1
38	14.03	0.91	1	0.74	1	0.50	1
39	14.03	0.91	1	0.74	1	0.50	1
40	14.03	0.91	1	0.74	1	0.50	1
41	14.03	0.91	1	0.74	1	0.50	1
42	26.80	1.74	0	1.42	0	0.95	1
43	26.80	1.74	0	1.42	0	0.95	1
44	26.80	1.74	0	1.42	0	0.95	1
45	26.80	1.74	0	1.42	0	0.95	1
46	26.80	1.74	0	1.42	0	0.95	1
47	26.80	1.74	0	1.42	0	0.95	1
48	50.33	3.27	0	2.66	0	1.79	0
49	50.33	3.27	0	2.66	0	1.79	0
50	27.62	1.79	0	1.46	0	0.98	1
51	27.62	1.79	0	1.46	0	0.98	1
52	27.62	1.79	0	1.46	0	0.98	1
53	27.62	1.79	0	1.46	0	0.98	1
54	21.39	1.39	0	1.13	0	0.76	1
55	21.39	1.39	0	1.13	0	0.76	1

Universo	Ingreso Real Diario per cápita	Ingreso requerido Línea 1 $15.40 Yreal/15.40	1=Pobre, 0= no pobre LINEA 1	Ingreso requerido Línea 2 $18.90 Yreal/18.90	1=Pobre, 0= no pobre LINEA 2	Ingreso requerido Línea 3 $28.10 Yreal/28.10	1=Pobre, 0= no pobre LINEA 3
56	21.39	1.39	0	1.13	0	0.76	1
57	21.39	1.39	0	1.13	0	0.76	1
58	21.39	1.39	0	1.13	0	0.76	1
59	21.39	1.39	0	1.13	0	0.76	1
60	21.39	1.39	0	1.13	0	0.76	1
61	37.85	2.46	0	2.00	0	1.35	0
62	37.85	2.46	0	2.00	0	1.35	0
63	37.85	2.46	0	2.00	0	1.35	0
64	37.85	2.46	0	2.00	0	1.35	0
65	37.85	2.46	0	2.00	0	1.35	0
66	37.85	2.46	0	2.00	0	1.35	0
67	61.37	3.99	0	3.25	0	2.18	0
68	61.37	3.99	0	3.25	0	2.18	0
69	30.69	1.99	0	1.62	0	1.09	0
70	30.69	1.99	0	1.62	0	1.09	0
71	30.69	1.99	0	1.62	0	1.09	0
72	12.27	0.80	1	0.65	1	0.44	1
73	12.27	0.80	1	0.65	1	0.44	1
74	12.27	0.80	1	0.65	1	0.44	1
75	12.27	0.80	1	0.65	1	0.44	1
76	12.27	0.80	1	0.65	1	0.44	1
77	36.82	2.39	0	1.95	0	1.31	0
78	36.82	2.39	0	1.95	0	1.31	0
79	36.82	2.39	0	1.95	0	1.31	0
80	23.02	1.49	0	1.22	0	0.82	1
81	23.02	1.49	0	1.22	0	0.82	1
82	23.02	1.49	0	1.22	0	0.82	1
83	23.02	1.49	0	1.22	0	0.82	1
84	42.96	2.79	0	2.27	0	1.53	0
85	42.96	2.79	0	2.27	0	1.53	0
86	42.96	2.79	0	2.27	0	1.53	0
87	42.96	2.79	0	2.27	0	1.53	0
88	17.18	1.12	0	0.91	1	0.61	1
89	17.18	1.12	0	0.91	1	0.61	1
90	17.18	1.12	0	0.91	1	0.61	1
91	17.18	1.12	0	0.91	1	0.61	1
92	17.18	1.12	0	0.91	1	0.61	1
93	17.18	1.12	0	0.91	1	0.61	1
94	61.37	3.99	0	3.25	0	2.18	0
95	61.37	3.99	0	3.25	0	2.18	0

APÉNDICE

CENSO

SAN DIONISIO Y SAN JORGE

FOLIO______

CENTRO DE INVESTIGACIONES BIOLÓGICAS DEL NOROESTE, S. C.
DOCTORADO EN CIENCIAS EN EL USO, MANEJO Y PRESERVACIÓN DE LOS RECURSOS NATURALES

Estado: Baja California Sur Municipio: Los Cabos
Localidad: San Dionisio Delegación municipal: Santiago
Subdelegación municipal: San Dionisio

Nombre del encuestador______________________________________
Fecha____________________

Censo para realizar la caracterización del uso, manejo y aprovechamiento de los recursos naturales por parte de las comunidades humanas dentro de sus actividades económicas y sociales, así como el costo de producción y ganancia económica de las mismas dentro de las áreas de estudio. Asimismo se pretende conocer las vocaciones naturales y socioculturales de la zona, de acuerdo a la percepción de los encuestados.

I.- ACTIVIDADES ECONÓMICAS Y SOCIALES RELACIONADAS CON EL USO, MANEJO Y APROVECHAMIENTO DE LOS RECURSOS NATURALES

1.- ¿Sabe que es un **recurso natural**? ( ) Si ( ) No.

2.- ACTIVIDAD ECONOMICA, NO. DE PERSONAS E INGRESO MENSUAL

	Actividad económica	No. de personas en la familia que la practican	Ingreso mensual por persona aprox.	Ingreso mensual familiar aprox.	TOTAL de integrantes de la familia
2.A	Principal				
2.B	Complementaria				

(Ganadería, apicultura, fruticultura, comercio, ecoturismo, talabartería, carpintería, agricultura, viveros de traspatio, artesanal)

3.- **FLORA** REGIONAL UTILIZADA POR ACTIVIDAD **ECONÓMICA,** AL MES POR FAMILIA (GANADERÍA, ECOTURISMO, RESTAURANT, ARTESANIA, AGRICULTURA, FRUTICULTURA, APICULTURA, CARPINTERIA, VIVERO, TALABARTERÍA, ETC.) [Plantas, semillas, raíces, frutas, madera]

	Actividad	Especie	Cantidad (Kilos mensuales)	Cómo la utiliza	Época del año
3.A					
3.B					
3.C					
3.D					
3.E					
3.F					
3.G					
3.H					
3.I					
3.J					

4.- Hectáreas utilizadas de pastizales, praderas y selva baja caducifolia para la actividad ganadera: ______________________________

5.- **FLORA** REGIONAL UTILIZADA POR ACTIVIDAD **SOCIAL,** AL MES POR FAMILIA [plantas, semillas, raíces, frutas, madera]

	Actividad	Especie	Cantidad (Kilos mensuales)	Época del año
5.A	Vestido			
5.B	Combustible			
5.C	Comida			
5.D	Construcción			

6.- **FAUNA** REGIONAL UTILIZADA POR ACTIVIDAD **ECONOMICA,** AL MES POR FAMILIA (GANADERÍA, ECOTURISMO, RESTAURANT, ARTESANIA, AGRICULTURA, FRUTICULTURA, APICULTURA, CARPINTERIA, VIVERO, TALABARTERÍA, ETC.) [Reces, cerdos, ovejas, abejas, gallinas, etc.]

	Actividad	Especie	Cantidad (Kilos mensuales)	Cómo la utiliza	Época del año
6.A					
6.B					
6.C					
6.D					
6.E					
6.F					
6.G					
6.H					
6.I					
6.J					

7.- **FAUNA** REGIONAL UTILIZADA POR ACTIVIDAD **SOCIAL,** AL MES POR FAMILIA [Reces, cerdos, ovejas, abejas, gallinas, etc.]

	Actividad	Especie	Cantidad (Kilos mensuales)	Época del año
7.A	Vestido			
7.B	Comida			

8.- **AGUA** UTILIZADA PARA ACTIVIDADES **ECONÓMICAS** Y **SOCIALES**, AL MES POR FAMILIA

	Actividad	Litros al mes
8.A	Económica	
8.B	Social	

9.- ¿Cuál es la FUENTE del agua que utiliza?
( ) Pozo ( ) Río – arroyo- ( ) Purificada ( ) otro

10.- ¿Cómo llega a su casa o área de trabajo?

( ) Gravedad ( ) Energía solar ( ) Tubería (red) ( ) Bomba diesel ( ) Bomba eléctrica
( ) Pipa ( ) Acarreo

11.- ¿Cuánto paga al mes por el agua? $ ______________________________

12.- CALIDAD Y CANTIDAD DE AGUA

	AGUA	Alta	Media	Baja
11.A	Calidad			
11.B	Potabilidad			
11.C	Salobridad			
11.D	Disponibilidad			

13.- EROSION DEL **SUELO** POR ACTIVIDAD ECONÓMICA (GANADERÍA, ECOTURISMO, RESTAURANT, ARTESANIA, AGRICULTURA, FRUTICULTURA, APICULTURA, CARPINTERIA, VIVERO, TALABARTERÍA, ETC.)

	Actividad económica	Alta	Media	Baja	Época del año del uso de suelo
13.A					
13.B					
13.C					
13.D					

II.- COSTO DE PRODUCCIÓN Y GANANCIA ECONOMICA DE LAS ACTIVIDADES PRODUCTIVAS

DATOS DE LA GANADERÍA

NOTA: EN CASO DE TENER ACTIVIDAD DISTINTA A LA GANADERÍA COMO ACTIVIDAD PRINCIPAL, FAVOR DE CONTESTAR SÓLO LAS PREGUNTAS QUE APARECEN CON NÚMERO EN **NEGRITAS** ADEMÁS DE LAS PREGUNTAS DE LA SECCIÓN III ------ MARCAR LAS SIGUIENTES OPCIONES------

( ) Fruticultura ( ) Apicultura ( ) Artesanal ( ) Agricultura
( ) Carpintería ( ) Viveros ( ) Ecoturismo ( ) Talabartería
( ) Otro ¿Cuál? ______________________________

1.- La práctica de la ganadería es:
( ) Extensiva (ganado libre) ( ) Intensiva (ganado en corral) ( ) Ambos

2.- NUMEROD E CABEZAS Y RAZA

		No. de cabezas	Raza	Autoconsumo (%)	Venta (%)
2.A	Bovino				
2.B	Caprino				
2.C	Porcino				
2.D	Aves				
2.E	Ovino				

3.- ¿Utiliza complemento alimenticio? ( ) Si ( ) No

4.- ¿Qué tipo de complemento? ( ) mascarrote ( ) concentrado ( ) pastura

5.- ¿Cuánto gasta al mes en la compra del complemento?
( ) de 500 a 1000 pesos ( ) de 1001 1 2000 pesos
( ) de 2001 a 4000 pesos ( ) más de 4000

6.- ¿Existe alguna organización ganadera a la que pertenezca?
( ) Si ¿cuál? ____________________ ( ) No

7.- ¿Cuántas personas se dedican a atender _______ (el ganado, frutales, agricultura, apicultura, carpintería, taller de talabartería, restaurante, vivero, dulcería artesanal u otro) de su propiedad?
( ) de 1 a 5 ( ) de 6 a 10 ( ) más de 10

8.- ¿Cuál es el promedio de edad de la res para la venta del ganado?
( ) menos de un año ( ) más de un año, ¿ cuánto? _______________

9.- ¿Considera usted que se puede mejorar la práctica de _______(la ganadería, frutales, agricultura, apicultura, carpintería, ecoturismo, talabartería, vivero, dulcería artesanal, restaurante, u otro)?
( ) SI ¿Cómo? :____
( ) NO ¿Porqué? :____

10.- ¿Cómo comercializa su ______(ganado, fruta, miel, verduras, dulces, comida, muebles)?
( ) Vende a intermediarios
( ) Vende en mercado (o mataderos)
( ) Vende directamente al consumidor
( ) Otra ¿cuál? ____

11.- ¿Cómo vende el ganado?
( ) En canal ( ) En pié

12.- ¿Cómo fija el precio de su producto?
( ) En base a sus costos
( ) Por oferta y demanda
( ) Lo fija el consumidor (intermediario o matadero)
( ) Otra forma (describa brevemente) _______________________________

13.- El año pasado ¿a cuánto ascendió su venta total?
Cabezas (u otra medida, ¿cuál?) _______________ $ ____________________
Kilos/ tonelada (indicar)_______________ $ ____________________

14.- ¿Cuál es el precio de venta promedio de su producto? $ ____________ _________
Por ( ) kilo / tonelada (indicar) ( ) cabeza

15.- ¿Cuánto pagó de impuestos el año pasado? $ ____________

16.- ¿Cuánto gasta en el transporte de su producto?
( ) nada ( ) menos de 500 pesos ( ) de 501 a 1000 pesos
( ) de 1001 a 1500 pesos ( ) más de 1500 pesos ( ) NO lo transporto

17.- ¿Dónde entrega su producto?
( ) en mi rancho ( ) otro ___________________________________

18.- ¿Recientemente ha recibido algún apoyo económico para su actividad?
( ) NO ( ) SI ¿de que tipo? ____

19.- De acuerdo a su experiencia en la actividad ¿Qué factores favorecen tener una buena práctica de su actividad? ____
____

20.- De los siguientes puntos ¿cuáles dificultan la venta del producto?

CAUSA	SIEMPRE	AVECES
Unos cuantos compradores		
Mercado sobresaturado (excesiva oferta)		
Otros ¿Cuáles?		

21.- ¿Cuáles son las especies vegetales que utilizan como material de infraestructura (para cercos, corrales, etc.)?
( ) palo de arco ( ) palo verde ( ) brasil( ) palo zorrillo
( ) palo colorado ( ) otro, ¿cuál? ___________________________

22.- Extensión del rancho (o área donde practica su actividad económica): ____________________ Metros/hectáreas

III. A- SECCIÓN ADICIONAL PARA ACTIVIDADES DISTINTAS A LA GANADERÍA

1.- ¿Dónde compra los implementos necesarios para su actividad?
____

2.- ¿A que tipo de implementos se refiere? ____________________
____
____

3.- ¿Cuánto gasta en dichos implementos al mes?
( ) de 500 a 1000 pesos ( ) de 1001 1 2000 pesos
( ) de 2001 a 4000 pesos ( ) más de 4000

V.- VOCACIONES NATURALES Y SOCIOCULTURALES

1.- De acuerdo al conocimiento que tiene del lugar, cuál cree que es su vocación natural y sociocultural para el desarrollo de las actividades productivas que reflejen ingresos para el desarrollo de las familias: ________________________

1.A: ____
1.B: ____
1.C: ____
1.D: ____

VOCACIONES: aptitud, capacidad o característica especial de la localidad para su desarrollo; partiendo de disposición de recursos naturales, así como de aspectos productivos, socioculturales, infraestructura, servicios públicos y aspectos institucionales.

Comentarios
____
____
____

Nombre del encuestado: ________________________________
Nombre del Rancho: ___________________________________
Hora: ____________

CENSO

PUERTO CHALE

FOLIO______

CENTRO DE INVESTIGACIONES BIOLÓGICAS DEL NOROESTE, S. C.
DOCTORADO EN CIENCIAS EN EL USO, MANEJO Y PRESERVACIÓN DE LOS RECURSOS NATURALES

Estado: Baja California Sur Municipio: La Paz
Localidad: Puerto Chale Delegación municipal: San Antonio
Subdelegación municipal: Puerto Chale

Nombre del encuestador____

Fecha____________________

Censo para realizar la caracterización del uso, manejo y aprovechamiento de los recursos naturales por parte de las comunidades humanas dentro de sus actividades económicas y sociales, así como el costo de producción y ganancia económica de las mismas dentro de las áreas de estudio. Asimismo se pretende conocer las vocaciones naturales y socioculturales de la zona.

I:- INTRODUCCIÓN

1.- ¿Sabe que es un **recurso natural**? ( ) Si ( ) No.

II.- ACTIVIDADES ECONÓMICAS Y SOCIALES RELACIONADAS CON EL USO, MANEJO Y APROVECHAMIENTO DE LOS RECURSOS NATURALES

1.- ACTIVIDAD ECONOMICA, NO. DE PERSONAS E INGRESO MENSUAL

	Actividad económica	No. de personas en la familia que la practican	Ingreso mensual familiar aprox.		TOTAL de integrantes de la familia
1.A	Principal ________				
1.B	Secundaria ________				
1.C	Sector terciario ________				

(Ganadería, apicultura, fruticultura, comercio, ecoturismo, talabartería, carpintería, agricultura, viveros de traspatio, artesanal)

2.- **FLORA** REGIONAL UTILIZADA POR ACTIVIDAD **ECONÓMICA,** AL MES POR FAMILIA (PESCA, RESTAURANT, COMERCIO, ETC.) [Plantas, semillas, raíces, frutas, madera]

	Actividad	Especie	Cantidad (Kilos mensuales)	Cómo la utiliza	Época del año
2.A					
2.B					
2.C					
2.D					
2.E					

3.- Hectáreas utilizadas de pastizales, praderas y selva baja caducifolia para la actividad ganadera: ____

4.- **FLORA** REGIONAL UTILIZADA POR ACTIVIDAD **SOCIAL,** AL MES POR FAMILIA (plantas, semillas, raíces, frutas, madera)

	Actividad	Especie	Cantidad (Kilos	Cómo la utiliza	Época del año

			mensuales)		
4.A	Vestido				
4.B	Combustible				
4.C	Comida				
4.D	Construcción				

5.- **FAUNA** REGIONAL UTILIZADA POR ACTIVIDAD **ECONOMICA,** AL MES POR FAMILIA (PESCA, RESTAURANT, COMERCIO, ETC.) [Peces, mariscos, etc.]

	Actividad	Especie	Cantidad (Kilos mensuales)	Cómo la utiliza	Época del año
5.A					
5.B					
5.C					
5.D					
5.E					
5.F					
5.G					

6.- **FAUNA** REGIONAL UTILIZADA POR ACTIVIDAD **SOCIAL,** AL MES POR FAMILIA [Peces, mariscos, etc.]

	Actividad	Especie	Cantidad (Kilos mensuales)	Cómo la utiliza	Época del año
6.A	Comida				

7.- **AGUA** UTILIZADA PARA ACTIVIDADES **ECONÓMICAS** Y **SOCIALES**, AL MES POR FAMILIA

	Actividad	Litros al mes
7.A	Económica	
7.B	Social	

8.- ¿Cuál es la FUENTE del agua que utiliza?
( ) Pozo ( ) Río – arroyo- ( ) Desaladora ( ) Purificada ( ) otro

9.- ¿Cómo llega a su casa o área de trabajo?
( ) Gravedad ( ) Energía solar ( ) Tubería (red) ( ) Bomba diesel ( ) Bomba eléctrica
( ) Pipa

10.- ¿Cuánto paga al mes por el agua? $ ____________________

11.- CALIDAD Y CANTIDAD DE AGUA

	AGUA	Alta	Media	Baja
11.A	Calidad			
11.B	Cantidad			
11.C	Potabilidad			
11.D	Salobridad			
11.E	Disponibilidad			

12.- EROSIÓN DEL **SUELO** POR ACTIVIDAD ECONÓMICA (PESCA, RESTAURANT, COMERCIO, ETC.)

	Actividad económica	Alta	Media	Baja	Época del año del uso de suelo
12.A					
12.B					
12.C					
12.D					

III.- COSTO DE PRODUCCIÓN Y GANANCIA ECONÓMICA DE LAS ACTIVIDADES PRODUCTIVAS

DATOS DE PESCA

1.- ¿Cuántos años tiene dedicados a la pesca?_______________________________

2.- ¿Cuál es su temporada de captura?
INICIO____________________ TERMINA_________________________

3.- ¿En que zona captura usted?____

4.- ¿Cuántas embarcaciones estima que operan en la zona donde usted pesca?
( ) De 0 a 50 ( ) De 51 a 100 ( ) De 101 a 150
( ) De 151 a 200 ( ) Más de 200

5.- ¿Cuántas personas trabajan por embarcación por viaje de pesca?
( ) de 1 a 5 ( ) de 6 a 10

6.- ¿Cuál es el promedio de un viaje de pesca?
( ) De 4 a 6 hrs. ( ) De 6 a 8 hrs. ( ) Más de 8 hrs.

7.-Su captura está compuesta por:
( ) Escama ( ) Botete ( ) Almeja ( ) Pulpo ( ) Caracol ( ) Camarón
( ) Callo ( ) Langosta ( ) Otro __________
Si es *escama* especifique especie:
____
____

8.- ¿Qué arte de pesca utiliza? ____

9.- ¿Considera usted que se puede mejorar su arte de captura?
( ) SI ¿Cómo? :____
( ) NO ¿Porqué? :____

10.- ¿Cuál es el tiempo de vida útil de su equipo de captura?
( ) De 1 a 2 meses ( ) de 3 a 6 meses ( ) 1 temporada ( ) más de 1 temporada

11.- ¿Cuál es el tiempo de vida útil de su embarcación?
( ) De 1 a 2 años ( ) de 2 a 4 años ( ) más de 4 años

12.- ¿Cómo comercializa su captura? ( ) vende a otros permisionarios
( ) vende en mercado o pescaderías ( ) vende cooperativa
( ) vende directamente al consumidor ( ) vende a planta procesadora
( ) otra ¿cuál? ____

13.- ¿Cómo fija el precio de su producto?
( ) Con base en sus costos ( ) por oferta y demanda
( ) Lo fija el consumidor (cooperativa o permisionario)
( ) Otra forma (describa brevemente)_______________________________
____

14.- En la pasada temporada ¿a cuánto ascendió su captura total?
14.A: Kilos Mensuales ___________________________________
14.B: Ingreso Mensual ___________________________________

14.C: Meses de captura ____

15.- Con mayor frecuencia ¿cómo entrega su producto?
( ) Entero ( ) en partes ( ) otro ¿cuál? ________________

6- ¿Cuál es el precio de venta promedio de su producto? $ _______________ por kilo

17.- ¿Dónde compra sus implementos de pesca? _____________________________

18.- ¿Cuánto gasta de combustible por viaje de pesca? ____Litros ___________pesos

19.- ¿Cuánto gasta de lubricantes por viaje de pesca? _____ Litros __________pesos

20.- ¿Cuánto gasta en comprar una embarcación? $ ____________________________
21.- ¿Cuánto gasta en la compra de motor? $ __________________________________

22.- ¿Cuánto gasta en refacciones diversas? $ ________________________________

23.- ¿Cuánto pagó de impuestos en la temporada pasada por pesca? $ ___________

24.- Por temporada de pesca ¿cuánto gasta en mantenimiento de sus embarcaciones?
Motor ( ) de 500 a 1000 pesos ( ) de 1001 1 2000 pesos ( ) de 2001 a 4000 pesos ( ) más de 4000
Fibra de vidrio ( ) de 500 a 1000 pesos ( ) de 1001 a 2000 peso
( ) de 2001 a 4000 pesos ( ) más de 4000 pesos

25.- ¿Cuánto gasta en el transporte de su producto?
( ) nada ( ) menos de 500 pesos ( ) de 501 a 1000 pesos
( ) de 1001 a 1500 pesos ( ) más de 1500 pesos ( ) NO lo transporto

26.- En la temporada pasada ¿recibió algún apoyo económico para su actividad?
( ) NO ( ) SI ¿de que tipo? ___________________________________

27.- ¿Conoce los procedimientos para obtener un permiso? ( ) SI ( ) NO

28.- En la última temporada ¿cuánto pagó por obtener su permiso de pesca?
Costo: $ _________________

29.- Tipo de permiso: ( ) por temporada ( ) por captura

30.- De los siguientes puntos ¿cuáles dificultan la venta del producto?

CAUSA	SIEMPRE	AVECES
Precio bajo, con utilidad reducida		
Producto de baja calidad		
Unos cuantos compradores		
Mercado sobresaturado (excesiva oferta)		
Otros ¿Cuáles?		

31.- De acuerdo a su experiencia en la actividad ¿Qué factores favorecen tener una buena pesca?
____
____

33.- Instalaciones marinas con que cuentan: ( ) Muelle ( ) Puerto ( ) Varadero

34.- ¿A que se dedica en tiempo de veda?_________________________________

IV.- VOCACIONES NATURALES Y SOCIOCULTURALES

1.- De acuerdo al conocimiento que tiene del lugar, cuál cree que es su vocación natural y sociocultural para el desarrollo de las actividades productivas que reflejen ingresos para el desarrollo de las familias: ____________________

1. A: ____________________
1. B: ____________________
1, C: ____________________
1. D: ____________________

VOCACIONES: aptitud, capacidad o característica especial de la localidad para su desarrollo; partiendo de aspectos productivos, socioculturales, infraestructura, servicios públicos y aspectos institucionales.

Comentarios
____
____
____
Hora: __________

Kolibri 360 GmbH
Ferdinand-Jühlke-Straße 7
99095 Erfurt, Deutschland
produktsicherheit@kolibri360.de

Druck:
CPI Druckdienstleistungen GmbH
im Auftrag der
Kolibri 360 GmbH
Ferdinand-Jühlke-Str. 7
99095 Erfurt